DES
OBLIGATIONS SOLIDAIRES

EN DROIT ROMAIN ET EN DROIT FRANÇAIS

THÈSE POUR LE DOCTORAT

SOUTENUE PAR

Charles-Léon-Amand PINGEOT

LE 22 JUIN 1876, à 2 heures

PRÉSIDENT, M. COLMET DE SANTERRE

Professeurs : { MM. BONNIER.
LABBÉ.
BUFNOIR.

Agrégés : { MM. DESJARDINS.
GARSONNET.

MEAUX
IMPRIMERIE J. CARRO
Rue de la Juiverie, 1

1876

DROIT ROMAIN

DES OBLIGATIONS CORRÉALES

En principe, lorsqu'une obligation est contractée par plusieurs débiteurs ou envers plusieurs créanciers, chaque créancier ne peut poursuivre que pour sa part, chaque débiteur ne peut être poursuivi que pour sa part. Cette règle s'applique lors même qu'une seule chose fait l'objet de l'obligation.

Notre principe est cependant soumis à trois exceptions : elles résultent *de la corréalité, de la solidarité* et *de l'indivisibilité.* Nous ferons porter notre étude spécialement sur la corréalité, et nous ne parlerons de la solidarité et de l'indivisibilité que pour tracer nettement le caractère des obligations corréales.

Nous suivrons dans notre travail l'ordre suivant : *I. Caractère généraux de la corréalité ; II. Sources de la corréalité ; III. Effets et modes d'extinction de la corréalité ;*

IV. Rapports des créanciers et des débiteurs corréaux entre eux ; V. Distinction de la corréalité d'avec la solidarité et l'indivisibilité. Nous voulons surtout montrer la nature de la corréalité à *l'époque classique ;* cependant, nous mentionnerons les modifications importantes qu'y a apportées le droit postérieur.

CHAPITRE I

CARACTÈRES GÉNÉRAUX DE LA CORRÉALITÉ

Dans l'obligation corréale, chaque créancier se réserve le droit de poursuivre *pour le tout* le débiteur commun, chaque débiteur promet *le tout* au créancier commun, de telle sorte que la poursuite faite par l'un des créanciers éteigne le droit des autres, et que la poursuite dirigée contre l'un des débiteurs libère ses coobligés.

Ces créanciers et ces débiteurs sont appelés : *duo rei credendi, duo rei debendi* (1), ou simplement *duo rei* (2), quelquefois *conrei* ou *correi* (3).

Remarquons qu'à propos de ces correi, les textes (4) parlent continuellement de poursuite ou de paiement *in solidum* (pour le tout). Ces mots ont donné naissance à nos expressions : *obligation solidaire* et *solidarité.*

Mais il faut bien se garder de confondre la corréalité avec la solidarité. Ce sont, comme nous le verrons plus loin, deux idées parfaitement distinctes.

Un des principaux caractères de la corréalité, c'est *l'unité d'obligation : cum una sit obligatio, una et summa est* (5) : un seul objet est dû, et il est dû tout entier à cha-

(1) L. 34, pr. de receptis (IV, 8).
(2) Liv. 45, tit. II, rubrique.
(3) L. 3, § 3, de liberat. leg. XXIV, 3.
(4) Inst. de duob. reis, § 1 ; Dig., l. 2, de duob. reis.
(5) L. 3, § 1, de duob. reis.

cun des créanciers ou par chacun des débiteurs (1) ; et, comme conséquence (du moins avant Justinien), la poursuite (petitio) exercée par un seul, ou contre un seul, éteint toute l'obligation (2).

De cette unité nécessaire d'objet, il résulte qu'il n'y aura pas corréalité quand la prestation de l'un des coobligés ne sera pas exactement semblable à celle de l'autre. Supposons deux dépositaires d'une même chose ; le déposant convient que l'un des deux répondra *même de sa faute : impar suscepta est obligatio... non sunt duo rei,* nous dit Papinien (3). Du reste, cet effet n'est produit que si la convention, modifiant la responsabilité, a été ajoutée *in continenti* (4).

Ainsi, point de corréalité passive là où les obligations sont inégales. Réciproquement, point de corréalité active lorsque l'objet de l'obligation se présente avec un caractère distinct pour chacun des créanciers : *in singulis personis proprium intelligitur* (5). C'est ce que dit Gaïus, rapportant l'opinion de Julien. Il donne comme exemples le cas où deux personnes stipulent un droit d'usufruit sur une même chose, le cas où *dotis nomine stipulamur* (sans doute parce que la dignitas mariti, base de la réglementation de la dot, n'est évidemment pas la même pour les deux stipulants), enfin le cas où la créance alternative à l'égard de l'un serait pure et simple à l'égard de l'autre. Ainsi, le paiement fait par l'un des débiteurs ou à l'un des créanciers n'éteindra pas l'obligation, sauf, toutefois, un tem-

(1) L. 2, de duob. reis. — Inst. de duob. reis, § 1.
(2) L. 2, de duob. reis.
(3) L. 9, § 1, de duob. reis.
(4) L. 9, § 1, de duob. reis.
(5) L. 15, de duob. reis.

pérament d'équité indiqué par la fin du texte de Gaïus, et qu'on doit probablement attribuer aux commissaires de Justinien (1). Ce tempérament consiste dans la faculté d'opposer l'exception de dol à la demande du cocréancier qui n'a pas été désintéressé.

Le principe établi par la l. 15 de duob. reis : *ubi impar suscepta est obligatio, non sunt duo rei,* est cependant quelque peu oublié dans le cas, cité par Julien (2), où deux personnes stipulent corréalement d'un même affranchi easdem operas fabriles (3), ou bien où deux affranchis fabri promettent corréalement easdem operas. Il est vrai que pour les operæ fabriles qu'exécutent idem faber ou duo fabri ejusdem peritiæ, on peut admettre que la valeur de l'obligation n'est pas sensiblement différente.

S'il est vrai qu'il est de l'essence de la corréalité qu'il n'y ait qu'une seule obligation, il faut néanmoins reconnaître qu'au point de vue des différents sujets actifs et passifs il y a pluralité de liens. *Etsi maxime parem causam duo rei suscipiunt,* nous dit Papinien (4), *nihilominus in cujusque persona propria singulorum consistit obligatio.*

Ainsi, à ce point de vue, les divers liens sont indépendants les uns des autres. Si l'une des deux personnes interrogées n'a pas répondu, l'obligation de l'autre n'en est pas moins valable (5). Les deux réponses sont indépendantes, elles ne sont pas *la condition* l'une de l'autre.

---

(1) Demangeat ; des oblig. solid. en droit romain, p. 367. — Accarias ; précis de droit romain, n° 548 à la note.

(2) L. 5, de duob. reis.

(3) Quæ ejus generis sunt ut a quocumque, cuicumque, solvi possint. L. 9, § 1, de oper., libert. XXXVIII, 1.

(4) L. 9, § 2, de duob. reis.

(5) L. 6, pr. de duob. reis.

Réciproquement, le débiteur ne répond qu'à l'un des co-stipulants, il est valablement tenu envers celui-là (1); l'une des créances est éteinte par confusion ou compensation (2) : l'autre subsiste ; le créancier peut recevoir un fidéjusseur d'un seul des débiteurs (3), ou un fidéjusseur différent pour chacun d'eux. La pluralité des liens apparaît même au cas où un seul fidéjusseur a cautionné les deux rei promittendi ; supposons que le créancier devienne héritier d'un des rei, il peut encore poursuivre le fidéjusseur si celui-ci a cautionné les deux obligations (4). Citons encore le cas où l'un des débiteurs corréaux est un pupille non autorisé, un esclave, ou une femme *intercedens ;* dans ces différentes espèces, la nullité de l'une des promesses n'empêchera pas la validité de l'autre (5).

Les mêmes principes s'appliqueraient à la corréalité active ; ainsi, plusieurs personnes stipulent corréalement d'un pupille, et, au nombre des stipulants, se trouve le tuteur qui a autorisé : ce dernier ne devient pas créancier, et les autres le deviennent, néanmoins (6).

De cette pluralité de liens il résulte évidemment que l'un des débiteurs corréaux pourra être obligé purement et

(1) L. 6, § 2, de duob. reis.
(2) L. 71, pr. de fidejus., XLVI, 1.
(3) L. 6, § 1, de duob. reis.
(4) L. 21, § 4, de fidej., XLVI, 1.
(5) L. 12, § 1, de duob. reis. — L. 17, § 2, et L. 18, ad senat. cons. Velleian, XVI, 1. — Remarquons, cependant, que le pupille est tenu d'une *obligation naturelle ;* par conséquent, s'il paie, la condictio indebiti ne sera pas recevable, et l'autre promettant sera libéré. Le pupille pourra même être poursuivi *quatenùs locupletior factus est.* De même, pour l'obligation contractée par un esclave, le maître pourra être poursuivi *de peculio.*
(6) L. 5, pr. de auct. et cons. tut., XXVI, VIII.

simplement, tandis que l'autre le sera à terme ou sous condition (1).

Ainsi, *unité d'obligation,* mais *pluralité de liens* au point de vue des différents sujets actifs et passifs, tels sont les deux principaux caractères de la corréalité.

(1) Inst. de duob. reis, § 2. — D. L. 7, de duob. reis.

CHAPITRE II

SOURCES DE LA CORRÉALITÉ

Nous allons parcourir successivement les diverses sources des obligations en droit romain, et nous examinerons quelles sont celles d'où peut naître la corréalité ou tout au moins la solidarité.

Parmi les obligations, les unes sont civiles, les autres prétoriennes ; elles naissent ex contractu ou quasi ex contractu, ex maleficio ou quasi ex maleficio (1).

§ 1. *Stipulation*. — La première loi du titre de duob. reis au Digeste nous dit : *celui qui stipule est dit reus stipulandi, celui qui promet reus promittendi*. La stipulation est en effet le moyen le plus ordinaire, et, comme nous le verrons, peut-être le seul à l'origine, de faire naître l'obligation corréale. Voici ce que nous disent les Institutes sur le mode d'opérer (2). *Et stipulandi et promittendi duo pluresve rei fieri possunt, stipulandi ita si, post omnium interrogationem, promissor respondeat : spondeo ; utputa cum duobus separatim stipulantibus, ita promissor respondeat : utrique vestrum dare spondeo. Num si prius Titio spoponderit, deinde, alio interrogante spondeat, alia atque alia erit obligatio, nec creduntur duo rei stipulandi esse. Duo pluresve rei promittendi ita fiunt : Mœvi, quin-*

(1) Inst. de oblig. tit. XIII, §§ 1 et 2.
(2) Inst. de duob. reis. tit. XVI, pr.

que aureos dare spondes? Sei, eosdem quinque aureos dare
spondes? si respondent singuli separatim spondeo.

Ce texte nous montre bien que, dans la corréalité active
toutes les interrogations doivent précéder la réponse
unique. Faut-il, à l'inverse, décider que, dans la corréalité passive, la réponse de l'un des correi ne pourra précéder l'interrogation faite à l'autre? Cette opinion a été
soutenue par MM. Ortolan (1), Demangeat (2), et Accarias (3). Nous allons essayer de démontrer que la nature
de la çorréalité passive et la lecture des textes ne conduisent
pas nécessairement à cette solution. La situation en effet
n'est pas la même dans les deux cas. Supposons qu'après
une stipulation de Primus et une réponse conforme de
Mævius intervienne un second stipulant Secundus : la
position de Primus sera beaucoup moins favorable. Il
pouvait seul exiger la chose, et maintenant il pourra se
faire que sa créance soit anéantie complétement par le fait
de Secundus. Sans doute il a le droit d'y consentir, mais
l'intérêt qu'il a à le faire étant, le plus souvent, peu considérable, son intention d'avoir un créancier corréal doit
être clairement montrée, et elle ne peut l'être que par la
simultanéité des stipulations. Voyons au contraire l'hypothèse inverse. Primus a stipulé 10 de Mævius et a reçu
une réponse conforme. Ensuite il stipule *correaliter* les
mêmes 10 de Titius. Qui pourra se plaindre? Ce n'est pas
Primus qui a deux débiteurs au lieu d'un ; ce n'est pas non
plus Mævius, qui a maintenant la chance de voir les poursuites dirigées contre un autre. Il n'est donc pas possible,

(1) Explicat. hist. des inst. n° 1269.
(2) Des oblig. solid. en Droit Romain page 101 et seq.
(3) Précis de Dr. Rom. p. 312, note 1.

d'après la nature des choses, d'assimiler complétement la créance corréale à la dette corréale.

Cette différence quant au fond, nous la retrouvons dans notre texte (1), car Justinien, après avoir, il est vrai, indiqué que « *deux ou plusieurs copromettants s'établissent ainsi : Mævius, réponds-tu de me donner cinq sous d'or? Seius, réponds-tu de donner les mêmes cinq sous d'or? chacun d'eux répond séparément : Je réponds ;* » ce qui est en effet la manière dont les choses se passent ordinairement, n'ajoute pas, comme il l'a fait pour la corréalité active : si l'on suit une autre voie, *alia atque alia erit obligatio, nec creduntur duo rei stipulandi esse.*

Un autre texte (2) de Justinien nous montre qu'une obligation peut être garantie après coup par un fidéjusseur, or ne peut-on pas assimiler notre correus promittendi à un fidéjusseur? Quel est son rôle? garantir, comme le fait le fidéjusseur l'obligation déjà née. On nous objecte (3) que l'obligation du correus est principale, tandis que celle du fidéjusseur, est accessoire. Il nous semble qu'il y a là une confusion. L'obligation du fidéjusseur est en effet accessoire dans les rapports de celui-ci avec le débiteur originaire, mais, dans ses rapports avec le créancier, n'est-elle pas principale ; le créancier ne peut-il pas poursuivre directement le fidéjusseur comme il pourrait poursuivre un correus?

La possibilité de scinder les demandes adressées à chacun des correi et les réponses de ceux-ci apparaît plus nettement encore dans un texte de Papinien (4). *Decem*

(1) Inst. de duob. reis. XVI pr.
(2) Ins. de fidej. § 3, tit. XX.
(3) Demangeat, oblig. solid. loco cit.
(4) L. 116 de verb, ob. XLV 1.

stipulatus a Titio, postea quanto minus ab eo consequi posses, si a Mœvio stipularis, ...non sunt duo rei Mœvius et Titius ejusdem obligationis, sed Mœvius sub conditione debet, si a Titio exigi non poterit..... Quel est le motif que nous donne le jurisconsulte ? Ce n'est pas que les deux stipulations et les deux promesses sont intervenues séparément, mais c'est que la même chose n'est pas due par chacun des promettants (1), et il serait inutile de donner ce motif si la séparation des stipulations et des réponses suffisait pour empêcher la corréalité. — Remarquons d'ailleurs que l'on devra toujours appliquer la règle générale des stipulations, qui exige que la demande et la réponse aient lieu sans interruption considérable, c'est -à-dire sans qu'il s'écoule plus d'un jour, et, surtout, sans que les parties s'occupent d'une autre affaire. Ce principe est rappelé, au titre même qui fait l'objet de notre étude, par les LL 6 § 3 et 12 pr.

Une autre loi (2) nous fait remarquer que si l'un des correi ne répond que ex-intervallo, la novation n'est pas à craindre, la fin du texte en donne comme motif que l'intention de nover fait défaut. Il est probable que telle n'était pas la cause donnée par Ulpien, car, dans les stipulations, on tenait compte, non de l'intention, mais des paroles mêmes qui étaient prononcées. Mais ce motif est devenu vrai sous Justinien, qui a décidé qu'aucune stipu-

---

(1) On a invoqué en faveur de notre opinion d'autres textes : la L. 3 pr. D. de duob. reis ; L. 7 § 1 de auct. et cons. tut. XXVI. 8 ; L. 9, § 2 de duob. reis ; mais il nous semble que les hypothèses prévues par ces textes ne sont pas celles que supposent les commentateurs, nous n'y attachons donc point d'importance pour notre décision.

(2) L. 3 pr. de duob. reis.

lation n'emporterait novation sans la volonté expresse des contractants (1).

La corréalité peut résulter même des *stipulations préto-riennes* (2). Cela a lieu, soit que la stipulation intervienne sur l'ordre spécial du Préteur (c'était alors à lui à apprécier s'il était convenable que les divers promettants s'engageassent correaliter), soit que l'emploi de la stipulation soit prescrit par l'Edit, par exemple la *stipulatio duplæ*, en matière de vente. Dans ce cas, la corréalité n'était pas forcée, mais les parties pouvaient la constituer volontairement.

Jusqu'à présent, nous avons vu la corréalité naissant toujours de la stipulation, et, à considérer les mots *duo rei stipulandi, duo rei promittendi,* il semble qu'en dehors de la stipulation il n'y ait point de corréalité possible. Cela fut peut-être vrai à l'origine, mais, de bonne heure, il commença à en être autrement. Nous verrons plus loin si cette obligation corréale, qui peut ainsi naître de sources diverses, a toujours absolument les mêmes caractères ; mais, auparavant, nous devons examiner les cas dans lesquels il y a tout au moins solidarité entre plusieurs créanciers ou entre plusieurs débiteurs.

§ II. *Expensilatio.* — Remarquons d'abord que *l'Expensilatio* ou contrat littéral, a une grande analogie avec la stipulation. Ce serait déjà une raison de conclure que l'obligation corréale pourvait se former *litteris*. Si l'on n'en trouve point de preuves directes dans les textes réunis par Justinien, c'est que, de son temps, les *nomina trans-criptitia* étaient tombés en désuétude. Mais, on trouve

(1) L. 8 C. de nov. VIII, 42 et L. 8 dig. de duob. reis.
(2) L. 14 de duob. reis.

encore des textes relatifs aux *argentarii*, qui avaient conservé l'usage de tenir des livres, et de réaliser des contrats
au moyen de mentions faites sur ces livres.

Le premier texte qu'on rencontre, traite du cas où, à
l'ouverture de l'hérédité, les créanciers faisaient une certaine remise à l'héritier pour le décider à faire adition.
Cette remise devait être accordée par la majorité des
créanciers. Pour former cette majorité, Paul nous dit : *Si
plures sunt rei stipulandi, vel plures argentarii quorum
nomina simul facta sunt, unius loco numerabuntur* (1). Il
met donc sur la même ligne les rei stipulandi et les argentarii quorum nomina simul facta sunt.

La même assimilation est faite par Paul dans la L. 34
pr. de recept. qui arbit, recep. IV. 8.

§ III. Testament. — Le testament faisait aussi naître
l'obligation corréale. En effet, Papinien nous dit : *non tan-
tum verbis stipulationis (fiunt duo rei promittendi), sed et
cæteris contractibus, veluti..... testamento* (2). De même,
Pomponius nous dit qu'un testateur peut établir une obligation corréale à la charge de plusieurs héritiers au profit
d'un légataire : *Lucius Titius, heres meus, aut Mævius heres
meus, decem seio dato* (3) La corréalité active peut également résulter d'un testament : *si Titio ant Seio, utri heres
vellet legatum relictum est, heres alteri dando ab utroque
liberatur.....nam ut stipulando duo rei constitui possunt, ita
et testamento potest id fieri* (4).

---

(1) L. 9 pr. de pactis. II. 14.
(2) L. 9 pr. de duob. reis. Le jurisconsulte range le testament
parmi les contrats. Ce n'est pas un contrat, mais l'action ex testamento naît *quasi ex contractu;* cela suffit pour expliquer notre texte.
(3) L. 8, § 1 de leg. XXX.
(4) L. 16 de leg. 2 XXXI. — Remarquons que si le testateur a

§ IV. Contrats réels. *Dépôt.* — Il est probable que, en dehors des cas où l'obligation se forme solennellement, l'obligation corréale ou solidaire fut longtemps impossible. Mais lorsqu'on admit la validité des pactes joints *in continenti* aux contrats de bonne foi et même aux contrats de droit strict, la corréalité put résulter d'un contrat quelconque. Ulpien nous le dit expressément du cas de dépôt (1). En cas de sequestre, il y a même solidarité de plein droit, en ce sens que celui qui gagnera pourra agir pour le tout (2).

Mutuum. — La corréalité active peut également naître du mutuum ; *re pro solido tibi quæsitam actionem,* c'est bien l'action in solidum naissant du mutuum (3). Au contraire, les textes (4) que nous possédons sur la corréalité passive établie *re* se réfèrent tous à des contrats de bonne foi. Cette remarque a amené certains interprètes à douter sur le point de savoir si, par un pacte ajouté au mutuum, on peut établir la corréalité passive. Le pacte ajouté même in continenti ne peut, disent-ils, aggraver la position de l'emprunteur. Mais c'est à tort qu'ils considèrent l'établissement de la corréalité comme une aggravation de la dette :

mis comme dans notre texte *utri heres voluerit,* il n'y a pas de doute sur sa volonté d'établir la corréalité active entre les deux légataires. Il ne paraît pas que Justinien ait rien changé à cette interprétation. Mais, si le testateur a dit simplement : *Titio aut Scio heres decem dato,* Justinien a cherché à faire disparaître toute espèce de doute. *Melius nobis visum est,* dit-il, *conjunctionem aut pro et accipi* (L. 4 C. de verb. et rer. signif. VI 38). En conséquence chacun des légataires ne pourra demander que la moitié du legs. Quant à la corréalité passive, on ne voit pas que Justinien ait changé l'ancienne interprétation.

(1) L. 1, § 44, depositi (XVI, 3).
(2) L. 17, pr., L. 6, depositi (XVI, 3).
(3) L. 9, C., si cert. petat. (IV, 2).
(4) L. 9, pr. D. de duob. reis. — L. 5, § 15, commod. (XIII, 6).

c'en est plutôt une modification ; le pacte qui l'établit crée pour chaque débiteur une chance à courir. S'il est vrai que Primus devra peut-être payer le tout, il peut aussi se faire qu'il n'ait rien à payer. D'ailleurs, Ulpien nous donne à ce sujet un principe général : *Omnia quæ inseri stipulationibus possunt, eadem etiam numerationi pecuniæ* (1), et un texte de Paul suppose bien la corréalité naissant du mutuum : *Granius Antoninus pro Julio Pollione et Julio Rufo pecuniam mutuam accipientibus, ita ut duo rei ejusdem debiti fuerint, Apud Aurelium Palmam mandator exstitit* (2).

Cependant, on prétend qu'il faut sous-entendre ici une stipulation qui serait venue confirmer l'obligation née du mutuum. On invoque un texte qui suppose précisément une stipulation intervenant après le mutuum : *Propter mutuam uni datam pecuniam, aliis reis promittendi factis, ob non numeratam sibi pecuniam obligationem remitti postulantium jura refragantur* (3). Remarquons d'abord que ce texte ne peut être invoqué pour prouver la nécessité d'une stipulation, puisqu'il est d'une époque où un simple pacte suffisait ; mais en admettant même qu'il se réfère aux habitudes anciennes, il prouve plutôt qu'en général il n'était pas nécessaire de joindre une stipulation au mutuum. S'il suppose une stipulation, peut-on dire, c'est parce qu'il s'agit du cas où on a voulu obliger corréalement des personnes qui *n'étaient pas parties au mutuum.*

Du reste, la question n'est plus douteuse dans le droit définitif. Cela résulte de deux lois au Code : la L. 5 et la L. 12. Si cert. petatur (IV, 2).

Solutio indebiti. — Du mutuum, nous rapprocherons la

(1) L. 7, de reb. cred. (XII, 1).
(2) L. 71, de fidej. (XLVI, 1).
(3) L. 4, C. de duob. reis. (VIII, 40).

solutio indebiti, comme nous avons rapproché le testament de la stipulation. Un texte (1) nous montre deux débiteurs tenus corréalement d'une obligation alternative. Chacun d'eux a payé, croyant que l'autre ne paierait pas. Il y a donc lieu à condictio indebiti. Dans ce cas, Paul nous dit : *non idem poterit in repetitione ut partes agant..... Igitur, hoc casu, electio est creditoris cui velit solvere.* Il faut entendre notre texte en ce sens que le créancier devra fournir in solidum l'un des objets compris dans l'obligation alternative, mais que, même après la poursuite, il pourra porter son choix sur l'objet fourni par Secundus. Du reste, il est impossible de dire qu'il y ait là corréalité. C'est plutôt une obligation indivisible.

§ V. *Mandat.* — La solidarité active ou passive peut résulter du *mandat. Paulus respondit unum ex mandatoribus in solidum eligi posse, etiamsi non sit concessum in mandato* (2). — *Duobus quis mandavit negotiorum administrationem..... respondi unumquemque pro solido conveniri debere* (3).

§ VI. *Tutelle et curatelle.* — Au cas de plusieurs tuteurs ou curateurs, lorsque l'administration n'a pas été partagée entre eux par le magistrat ou le testateur, ils peuvent être tenus in solidum (4). La même règle s'appliquerait dans le cas où l'administration aurait été partagée, mais par les tuteurs eux-mêmes. De même pour l'action subsidiaire accordée au pupille contre le magistrat chargé de *nominare tutorem* (5). — Nous en dirons autant de la responsabilité

(1) L. 24, D. de condict. indeb. (XII, 6).
(2) L. 9, § 3, mandati (XVII, 1).
(3) L. 60, § 2, mandati (XVII, 1).
(4) L. 2, C. de dividenda tutela (V. 52).
(5) L. 5, C. de magistr. conven. (V. 75).

qu'encourent les magistrats dans l'administration des villes ou les personnes à qui sont confiées les finances (1).

§ VII. *Constitut.* — L'obligation solidaire peut encore résulter d'un pacte de constitut (2). Cela peut se présenter dans plusieurs circonstances distinctes : ou bien avant le constitut nous étions déjà duo rei promittendi, ou bien en faisant le pacte, nous avons accédé à la dette d'un tiers, ou enfin l'un d'entre nous était tenu de la dette primitive.

§ VIII. *Délits et quasi-délits.* — Lorsqu'un délit a été commis par plusieurs, il peut en résulter trois sortes d'actions.

1° L'action *rei persecutoria (condictio furtiva)*. Chacun des codélinquants est tenu in solidum. (3).

2° L'action *pœnæ persecutoria (actio furti)*. Chacun des codéliquants doit la peine également in solidum, mais le paiement fait par l'un ne délibère pas les autres. (4).

3° L'action à la fois *rei et pœnæ persecutoria*, quand la chose a changé de valeur dans l'année. La règle est que les codélinquants en sont tenus solidairement, mais, comme il s'agit d'indemniser le créancier et non de l'enrichir, dès qu'il aura été payé une fois, il n'aura plus rien à demander. (5).

(1) L. 11, pr. ad municip. (L. 1), et L. 1, C. quo quisque ordine conven. (XI, 35).

(2) L. 16, pr. de pec. const. (XIII, 5).

(3) L. 1. C. de Condict. furt. (IV. 8).

(4) L. 21 § 9 D. de furt. (XLVII. 2).

(5) Remarquons cependant que, pour l'action de la L. Aquilia, qui appartient à cette classe, on suit la même règle que pour l'action purement pénale : *Quod alius præstitit alium non relevat, quum sit pœna.* (L. 11 § 2 ad leg. aquil. (IX 2). C'est que le créancier ayant le droit de demander la valeur à une époque quelconque de l'année, il ne demande pas la même chose à chacun des codélinquants, et aucun ne peut opposer l'exception rei judicatæ.

La solidarité a également lieu dans le cas d'actions naissant quasi ex maleficio et d'actions naissant d'un dommage causé par un esclave ou un animal appartenant à plusieurs maîtres (1).

Si à la suite d'un délit, plusieurs personnes peuvent être tenues solidairement, il n'est pas possible en principe que ce délit fasse naître une créance solidaire au profit de plusieurs. Ainsi, une chose commune à plusieurs a été volée, chacun des copropriétaires aura une action distincte, comme si le voleur avait détourné deux objets appartenant l'un à Titius, l'autre à Mævius (2). Cependant la solidarité se produirait si une chose avait été volée, par suite de leur négligence, à Primus et Secundus colocataires ou cocommodataires (3). Cela tient à ce que chacun est tenu in solidum de l'actio commodati ou locati.

§ IX. *Actions adjectitiæ qualitatis.* — Dans les actions *institoriæ, quod jussu de peculio,* le créancier a toujours deux débiteurs solidaires dans la personne du préposant et dans celle du préposé (4). Il peut même y avoir solidarité entre plusieurs exercitores préposés par un même maître.

§ X. *Sentence.* — On s'est demandé si la solidarité pouvait résulter de la *sententia* prononcée par le juge. Pour la négative on invoque un texte de Paul (5): *Paulus respondit eos qui una sententia in unam quantitatem condemnati sunt*

---

(1) LL. 1 § 4 de eo per quem fact. erit quominus quis in jud. sistat. (II. 10). — 17 pr. de dolo malo (IV. 3). — 14 § 15 quod metus causa (IV. 2). — 1 § 10, 2 et 3 de his qui effud. (IX. 3.) — 5 pr. de noxal. act. (IX. 4). — 1 § 14 si quadrupes pauper (IX. 1). — 20 pr. de interr. in jure fact. (XI. 1).

(2) L. 46 § 5 de furt. (XLVII. 2).

(3) L. 46 § 5 de furt. (XLVII. 2).

(4) L. 1 § 17 de exercit. act. (XIV. 1).

(5) L. 43 de re judic. (XLII. 1).

pro portione virili ex causa judicati conveniri... Mais dans ce texte on ne voit pas qu'il soit question de condamnation in solidum il y a seulement condamnation unique et à un seul objet, ce qui est bien autre chose. On dit encore que la sentence n'est que *déclarative* ; donc ou bien les débiteurs étaient correi, et la corréalité n'est pas une suite de la sentence, ou bien elle n'existait pas, et une sentence purement déclarative ne peut la créer. Cette décision est trop absolue. Il peut arriver en effet que les parties aient été *par erreur* condamnées in solidum par le juge *et n'aient pas réclamé*. Dans ce cas, il est vrai très-rare, la corréalité naîtra évidemment de la sentence. Enfin un texte nous dit : *si non singuli in solidum... certa quantitate condemnati estis... effectus sententiæ pro virilibus portionibus discretus est* (1). Par conséquent il faut décider *à contrario* que si la condamnation a eu lieu in solidum, la corréalité en naîtra.

Pour résumer cette partie de notre étude, nous devons décider que la corréalité ou tout au moins la solidarité tant active que passive put, dans le dernier état du droit, résulter de tous les actes qui pouvaient donner naissance à l'obligation unique.

(1) L. I C. Si plures una sent. (VII. 50).

CHAPITRE III

Effets de la corréalité. — Au point de vue actif, la corréalité n'avait qu'un seul effet : donner un mandat irrévocable. *Ex duobus reis stipulandi, si semel unus egerit, alteri promissor offerendo pecuniam nihil agit* (1). Remarquons que, dans ce cas, nous trouverons seulement la corréalité, mais point la solidarité.

L'avantage de la corréalité passive est dans la faculté, pour le créancier, de demander la totalité à l'un des débiteurs, d'empêcher la division de la dette. Un autre avantage consiste dans le droit qu'il a de faire retomber sur les autres débiteurs l'insolvabilité de l'un d'eux. A ce sujet, nous devons nous demander quel est, par rapport aux débiteurs, l'effet de *la faute,* ou de la *demeure* de l'un d'eux.

Pour la faute, la solution nous est donnée par un texte de Pomponius (2) : Si de deux personnes qui doivent correaliter l'esclave Stichus, l'une le fait périr, *alterius factum alteri quoque nocet,* l'autre sera responsable de la faute de son codébiteur. Remarquons bien que le jurisconsulte a mis *factum.* La solution serait, en effet, tout autre si la perte de l'esclave provenait d'une *culpa in non faciendo,* d'une négligence de Primus. En effet, le promettant est tenu *ad dandum, non ad faciendum* (3); la perte, bien que

(1) L. 16, de duob. reis.
(2) L. 18, de duob. reis.
(3) L. 91, pr. de verb. ob. (XLV, 1).

résultant de sa négligence, le libérera lui-même, et à plus forte raison son codébiteur (1).

En matière d'obligation solidaire, nous n'admettrons plus que la faute de l'un nuise à l'autre. Ici, en effet, *il n'y a point unité d'obligation,* chacun n'est donc tenu que de sa faute personnelle. Ulpien nous le dit formellement pour le cas où deux personnes sont tenues in solidum de l'action de dépôt (2) : *si alter dolo non fecerit, et idcirco sit absolutus, nam ad alium pervenietur ;* celui qui n'a pas commis la faute doit être absous.

L'effet de la *mora* doit-il être assimilé à celui de la *culpa ?* La mora de l'un des codébiteurs fait-elle tort à l'autre ? Les textes sont formellement contraires à cette assimilation : *Si duo rei promittendi sint, alterius mora alteri non nocet* (3). — *Unicuique sua mora nocet, quod et in duobus reis promittendi observatur* (4). Cependant Dumoulin (5) a prétendu que la mora, comme la culpa, d'un débiteur corréal, doit nuire aux autres. Il explique nos textes en disant : *mora non nocet,* en ce sens seulement que le codébiteur qui n'est pas in mora ne sera point tenu *des dommages et intérêts.* Mais il prétend qu'il sera tenu de la valeur de la chose en cas de perte survenue après la demeure. Pour justifier sa théorie, il admet qu'il y a entre les débiteurs

(1) Dumoulin prétend que la décision de la L. 18 de duob. reis ne doit pas s'appliquer au cas où deux héritiers sont chargés d'un legs de corps certain, avec faculté, pour le légataire, de poursuivre in solidum l'un ou l'autre, à son choix. Cela se rattache à une théorie fausse, d'après laquelle la corréalité n'existerait entre les débiteurs qu'autant qu'ils auraient *expressément* manifesté leur volonté à cet égard.

(2) L. 1, § 43, in fine. Depositi (XVI, 3).

(3) L. 32, § 4, de usuris (XXII, 1).

(4) L. 173, § 2, de reg. juris. (L. 17).

(5) Tract. de div. et indiv., pars III, n° 126 et 127.

un mandat sous-entendu, mandat par lequel ils s'engagent *ad conservandam sed non ad augendam obligationem*. En admettant cette théorie, que Pothier a suivie, et que les rédacteurs du Gode ont adoptée (art. 1205, C. c.), il n'y aurait aucune différence entre la mora et la culpa, puisque dans le cas prévu par la L. 18 de duob. reis, c'est-à-dire dans le cas de stipulation, les débiteurs, en faute ou non, ne sont tenus que de la valeur de la chose. Et cependant cette différence est clairement établie par le texte.

Il résulterait également de la décision de Dumoulin que la mora d'un seul des codébiteurs ne doit pas nuire à l'autre, en ce sens qu'elle ne doit lui causer *aucun préju-dice*. Pour lui, le débiteur insons, en ne devant que la valeur de la chose, ne souffre pas de la demeure de son codé-biteur, sa position ne se trouve pas aggravée. Cette con-clusion suffit pour faire rejeter la théorie. En effet, le débiteur insons souffrira dans tous les cas, car, étant obligé de payer la valeur de la chose même lorsqu'elle a péri par cas fortuit, il se trouve dans une position plus défavorable que si l'objet avait péri sans qu'il y eût de-meure. Donc, même pour Dumoulin, *mora nocet*.

Si nous cherchons maintenant le motif pratique de la distinction établie par les textes entre la *mora* et le *factum*, nous le trouvons facilement. Lorsque la chose a péri par la faute de l'un des codébiteurs, le créancier n'a aucune négligence à se reprocher ; pourquoi donc souffrirait-il d'un acte qu'il ne pouvait empêcher ? Au contraire, si la perte de la chose est arrivée pendant qu'un des débiteurs était in mora, qui empêchait le créancier de faire l'*inter-pellatio* en même temps aux deux ? Cet acte était d'autant plus facile que chez les Romains l'*interpellatio* avait lieu sans frais et sans formes.

Extinction de la corréalité. — Nous passerons d'abord

en revue les divers modes d'extinction qui s'appliquent soit *ipso jure*, soit *exceptionis ope* aux obligations en général, et nous nous demanderons si, lorsqu'un mode d'extinction se produit en la personne de l'un des correi, son effet est limité à cette personne, ou s'il amène l'anéantissement complet de l'obligation elle-même.

A ce point de vue, nous devons distinguer les modes d'extinction en trois classes :

1° Ceux qui, comme le paiement, font disparaître l'obligation dans tous les cas ;

2° Ceux dont l'effet extinctif est toujours limité à une personne déterminée.

3° Ceux dont l'effet est tantôt absolu et tantôt relatif, suivant qu'il y a ou qu'il n'y a pas de société entre les correi.

1re CLASSE.

Paiement. — Nous n'avons pas à nous étendre sur le paiement. C'est le caractère principal de la corréalité que le paiement fait par un seul des coobligés libère tous les autres.

Acceptilation. — L'acceptilation, paiement fictif, doit être, quant au point qui nous occupe, traitée comme le paiement réel (1). L'acceptilation est souvent employée comme moyen d'exécuter un legs de libération (2). Qu'arrivera-t-il si un legs de libération a été fait à l'un de deux rei promittendi ? S'ils ne sont pas socii, l'héritier ne doit pas faire acceptilation au légataire, car cette acceptilation libérerait aussi le correus, et le ferait aller au-delà de la volonté du

---

(1) LL, 2 de duob. reis. — 13 § 12 de acceptil. (XLVI. 4).
(2) L. 3 § 3 de liberat. leg. (XXXIV. 3).

testateur. Il suffira donc de conclure avec le légataire un pacte *de non petendo in rem*. Si au contraire les duo rei sont *socii*, le légataire pourra exiger de l'héritier qu'il lui fasse *acceptilatio*. Au premier abord il semblerait que l'héritier pût se dégager de ses obligations en concluant un pacte *in personam* avec le débiteur seul légataire ; le pacte in personam ne devant pas profiter à l'autre débiteur, à qui le testateur n'a pas fait remise. Ce pacte in personam eût été insuffisant, car le débiteur légataire, simplement dispensé de faire les avances, n'aurait pas obtenu tout ce que le testateur lui a légué.

De même si un legs de libération a été fait à l'un de deux rei qui a le *jus capiendi*, tandis que l'autre ne l'a pas, le legs profitera même au non-capax, et on devra lui faire acceptilation s'ils sont socii (1). On a opposé à cette solution un texte d'Ulpien (2) : *Si maritus duos reos habebat Titium et mulierem,... si mihi proponas Titio acceptilatum, ipse quidem liberabitur, mulier vero manebit obligata* ; mais cette décision doit être appliquée seulement au cas où la femme n'est pas socia avec Titius ; c'est ce que nous montre la fin du texte (3) : *quod si aliarum extrinsecus rerum personarumve causa commixta sit, si separari possit cætera valere, id quod donatum sit non valere. Si separari possit,* c'est bien l'indication de deux personnes entre lesquelles n'existe pas le rapport de société.

Novation. — Supposons d'abord une obligation qui existe à la charge de duo rei *promittendi*. Elle sera éteinte si le créancier stipule animo novandi, soit d'un tiers, soit

(1) L. 29 de liberat. leg. (XXXIV. 3).
(2) L. 5 § 1 de donat. inter. vir. et uxor. (XXIV. 1).
(3) L. 5, § 2, eod. tit.

de l'un de ses débiteurs ; de même si un tiers, sur l'ordre du créancier, stipule de ces deux débiteurs ; de même, enfin, si c'est un nouvel objet qui est désormais in obligatione. *Novatio similis est solutioni* (1).

Voyons maintenant une obligation contractée au profit de plusieurs rei *stipulandi* ; l'un d'eux a-t-il le pouvoir de la nover de manière à éteindre le droit des autres ? La solution affirmative nous est donnée par un texte de Venuleius (2). *Si unus ab aliquo stipuletur, novatione quoque liberare eum ab altero poterit.* Le jurisconsulte applique son principe à trois hypothèses distinctes :

1° *Unus delegavit creditori suo communem debitorem.....* Primus, reus stipulandi avec Secundus, doit une certaine somme à un tiers. Il charge le débiteur commun de payer sa dette : Secundus n'a plus rien à réclamer.

2° *Mulier fundum jussit doti promittere viro.* Primus est débiteur d'un fonds envers deux rei stipulandi, dont l'un est une femme : celle-ci, qui va se marier, veut se constituer une dot, et, pour cela, elle donne mandat à son mari de se faire promettre par Primus le fonds que doit celui-ci. A la suite de cette promesse l'obligation corréale est éteinte (3).

3° *Nuptura ipsi doti eum promisit.* Cette fois la femme doit épouser le débiteur commun. Elle lui promet le fonds qui fait l'objet de la dette (4).

(1) L. 31 de novat. (XLVI. 2).
(2) L. 34, § 1 de novat. (XLVI. 2).
(3) Peut-être doit-on lui *dicere dotem*, ce qui assimilerait, pour nover une dette, la dictio dotis à la stipulation.
(4) Ici il faut absolument *dotem dixit*, car la promesse sur stipulation de la femme libérerait bien le débiteur envers elle, mais non envers son cocréancier. C'est donc une assimilation de la dictio dotis à l'acceptilatio, assimilation faite par certains juriscon-

La décision de Venuleius permettant à l'un des créanciers correi d'éteindre l'obligation en faisant une novation était-elle généralement admise? Le contraire semble résulter d'un texte de Paul (1). Le jurisconsulte suppose que, deux argentarii étant associés, l'un d'eux a fait un pacte avec le débiteur, et se demande si ce pacte sera opposé à l'autre. Non, dit-il, en citant l'opinion de plusieurs jurisconsultes, *nec novare alium posse, quamvis ei recte solvatur. Sic enim et his qui nostra in potestate sunt recte solvi quod crediderint, licet novare non possint..... idemque in duobus reis stipulandi dicendum est.* Tandis que Venuleius pose en principe au sujet des rei stipulandi *unumquemque perinde sibi acquisisse ac si solus stipulatus esset,* Paul, d'après Labeon, appuie sa solution sur cette règle qu'il y a des personnes qui peuvent très-bien recevoir un paiement et qui ne pourraient pas faire novation. Il serait bien étonnant qu'en partant de principes si différents les jurisconsultes arrivassent en définitive à la même solution.

On a cependant essayé de concilier les deux textes. Voici les deux principales explications qui ont été données :

1re *explication.* — Les mots *idem in duobus rei stipulandi dicendum est,* indiquent seulement la similitude de position au point de vue du pacte *de non petendo* entre les argentarii socii et les rei stipulandi. L'idée que l'un des argentarii ne peut nover, la créance sociale n'intervient que d'une façon incidente. Cette explication est très-arbitraire. En effet, pourquoi dire que le renvoi qui termine le texte

sultes. Voir L. 58, § 1 de jure dot. et L. 77 eod. tit. où il s'agit évidemment de la dictio dotis.

(1) L. 27, pr. de Pactis (II, 14).

ne s'applique pas à tout ce qui précède? En outre, pour quel motif distinguerait-on ainsi sur un point particulier entre les argentarii socii et les rei stipulandi et refuserait-on aux premiers le droit de nover la créance commune, quand on accorde ce droit aux seconds.

Une autre explication consiste à dire que, dans les mots *nec novare alium posse*..... la novation n'intervient que comme point de comparaison.

Ce point de comparaison, le commentateur le rejette immédiatement. Paul distingue trois actes et établit entre eux une gradation : 1° Paiement ; 2° Novation, plus grave que le paiement ; 3° Pacte de remise, plus grave que la novation. Paul procède par syllogisme : Le droit de recevoir un paiement n'emporte pas celui de nover. Or, le droit de faire remise est plus grave que celui de nover ; donc, à plus forte raison, celui qui ne peut pas nover ne peut pas faire remise.

Le commentateur néglige le deuxième terme de comparaison, et fait tomber tout le raisonnement du jurisconsulte.

Mais, dit-il, si par les mots nec novare alium posse, on entendait un des argentarii, il faudrait *alterum*. Sans doute, quand deux personnes seulement sont en jeu, c'est le mot *alter* que les Romains emploient de préférence, mais on trouve aussi quelquefois *alius* (v. notamment L. 7 de duob. reis).

Il faut donc admettre que les jurisconsultes étaient partagés sur la solution de notre question. Le soin même que met Venuleius à établir sa décision le prouve. Quelle est donc l'opinion que nous devons préférer ? Celle de Venuleius, car elle est la plus logique. En effet, comparons nous-mêmes ces trois actes différents : le paiement, la novation, l'acceptilation. Évidemment, l'acceptilation est

plus grave que la novation. Cependant, tous les textes af-
firment que l'un des créanciers correi peut faire acceptilation, pourquoi lui refuserait-on le droit de faire une novation, moins grave quelquefois que l'acceptation même d'un
paiement, puisque la nouvelle créance pourra être plus
avantageuse que l'ancienne, bénéfice qui profitera à l'autre
correus s'il est socius? Les créanciers ne sont-ils pas socii;
alors qu'importe à celui qui n'a pas agi que son correus
ait reçu le paiement ou ait fait novation ? Au cas même de
société, qu'importe que la nouvelle créance soit de moindre
valeur, le créancier qui agit n'aurait-il pas pu faire acceptilation sans rien recevoir?

Litis contestatio. — La *litis contestatio* emporte extinction de l'obligation déduite in judicium. Or, dans l'obligation corréale, il n'y a qu'un objet, et, au fond, qu'une
seule obligation. Par conséquent, l'obligation corréale doit
être éteinte dès qu'il y a eu litis contestatio de la part d'un
des créanciers ou avec l'un des débiteurs (1). Les jurscon-
sultes mettent, au point de vue de son effet extinctif, la litis contestatio sur la même ligne que l'acceptilatio : *peti-
tione acceptilatione unius tota solvitur obligatio* (2).

Au sujet de la litis contestatio, nous trouvons une loi qui
s'exprime ainsi (3) : *Si reus stipulandi extiterit heres rei
stipulandi, duas species obligationis sustinebit. Plane, si ex
altera earum egerit, utramque consumet : videlicet quia natura obligationum duarum quas haberet ea esset ut, cum altera earum in judicium deduceretur, altera consumeretur.*
Cette loi ne contredit pas l'idée qu'il n'y a qu'une seule

---

(1) L. 31, § 1, de novat. (XLVI, 2). L. 16, de duob. reis.
(2) L. 2, de duob. reis.
(3) L. 5, in fine de fidej. (XLVI, 1).

obligation. Elle parle cependant de *duæ obligationes,* mais nous avons vu que, au point de vue des personnes obligées, il y a en effet plusieurs liens, bien qu'il n'y ait qu'un seul objet dû. Cependant, un auteur (1) entend par *duas obligationes* une créance *à deux faces,* et traduit la fin du texte : *videlicet quia natura obligationum duarum quas haberet*..... par : eût-il deux créances, leur nature serait telle que, l'une étant déduite in judicium, l'autre serait consommée. Il se fonde sur cette interprétation pour soutenir que, là ou il y a plusieurs rei stipulandi, il y a une obligation unique, tandis que là où il y a plusieurs rei promittendi, il y a autant d'obligations distinctes que d'obligés. En effet, dit-il, quand c'est un débiteur qui succède à un autre débiteur, Ulpien dit : *duas obligationes sustinet,* tandis que pour le cas où un créancier succède à un autre créancier, il dit : *duas species obligationis.* Évidemment, ce n'est là qu'un accident de rédaction. Tous les textes, d'ailleurs, démontrent l'inanité d'une distinction qui conduirait à dire que la demande formée contre l'un des rei promittendi ne libère pas les autres.

L'extinction du droit des correi promittendi par la poursuite qu'exerce un seul d'entre eux n'offrait pas d'inconvénient en pratique. Nous allons voir au contraire que l'application des mêmes principes à la corréalité passive entraînait des inconvénients véritables.

Dès qu'il y a eu *lis contestata* entre le créancier commun et l'un des rei promittendi, tous les autres sont libérés *ipso jure,* pourvu toutefois qu'on soit dans le cas d'une formule *concepta in jus* et d'un *legitimum judicium.* Autrement, l'obligation corréale ne serait pas complétement

(1) Brackenhöft.

anéantie, et en conséquence, si un autre débiteur était poursuivi, il aurait besoin pour se défendre de *l'exceptio rei in judicium déductæ* (1). C'est ce qui a lieu probablement dans le cas du texte suivant (2). *Si plures mihi in solidum pro evictione teneantur, deinde post evictionem cum uno fuero expertus, si agam cum cœteris, exceptione me esse repellendum Labeo ait.*

Pour donner un sens à ce texte dans le droit de Justinien, il faudrait supposer que Primus a été absous. Alors, si je poursuis son codébiteur Secundus, il m'opposera l'exception rei judicatæ.

On comprend combien devait être gênante dans la pratique cette extinction de l'obligation corréale par la litis contestatio dans le cas où chacun des codébiteurs n'était pas capable de payer la totalité. Aussi Justinien supprima-t-il l'effet extinctif de la litis contestatio dans la poursuite dirigée contre l'un des rei promittendi (3). Dans la loi où il règle cette matière, il nous dit que l'on pouvait remédier à ces inconvénients par des conventions. En effet dans l'ancien droit on pouvait recourir à la *fidejussio indemnitatis*, ou bien un des débiteurs correi voyant le créancier disposé à le poursuivre, pouvait donner *mandat* au créancier *de poursuivre l'autre débiteur à ses risques et périls.* Mais il est probable que sous Justinien, la litis contestatio ayant cessé d'être d'ordre public, il suffisait d'une convention portant que la poursuite exercée contre l'un des débiteurs ne libérerait pas les autres, c'est cette convention qui, se reproduisant constamment entre les parties attentives, sera depuis Justinien toujours sous-entendue par l'effet de la loi.

(1) Gaius. Com. IV. § 105.
(2) L. 51 § 4 de evict. (XXI. 2).
(3) L. 28 C. de fidej. (VIII. 41).

La même réforme a-t-elle eu lieu pour le cas où l'un de plusieurs correi *stipulandi* intente la poursuite ? La litis contestatio éteint-elle la créance des correi non poursuivants comme dans l'ancien droit ? Il faut je crois admettre l'affirmative. Justinien dans la loi 28 C. de fidejuss. que nous avons déjà citée n'abroge l'ancien droit qu'à l'égard de la corréalité passive. On objecte cependant qu'il était inutile d'abroger l'ancien droit pour la corréalité active, la litis contestatio n'ayant pas conservé son effet extinctif. Il est vrai que cette extinction de l'obligation corréale a son origine première dans les effets attachés autrefois à la litis contestatio ; mais il n'est pas rare de voir une conséquence survivre au principe d'où elle dérive, surtout quand elle n'offre pas d'inconvénient, et c'est bien notre cas. Tandis que pour la corréalité passive le créancier, poursuivant un débiteur incomplétement solvable, ne serait pas entièrement désintéressé, si l'on supprimait son droit contre les autres, ce qui est inique, quelle injustice y a-t-il à ce que l'un des créanciers plus diligent que les autres, puisse en poursuivant le débiteur commun, éteindre l'action de ceux-ci ? Remarquons enfin que les textes qui traitent de l'extinction, par la litis contestatio, de la corréalité active, n'ont pas été altérés par les commissaires de Justinien (1), tandis qu'il en est tout autrement pour la corréalité passive (2).

Constitut. — Lorsque l'un de plusieurs rei stipulandi fait un pacte de constitut avec le débiteur, celui-ci ne pourra plus s'acquitter entre les mains des autres rei stipu-

(1) L. 16, de duob. reis, — L. 5, in fine de fidej. (XLVI. I). — L. 31 § 1, de novat. (XLVI. 2).
(2) L. 2 C. de fidej. tut. (V. 57). — L. 8 § 1 D. de leg. 1° XXX.

landi : (1) *loco ejus cui jam solutum est haberi debet is cui constituitur.*

Réciproquement, il faut dire que si un créancier ayant plusieurs rei promittendi a fait avec l'un d'eux sans réserve le pacte de constitut, il ne pourra plus désormais invoquer utilement l'obligation corréale. Cela est parfaitement logique, puisqu'il est assimilé à celui qui a reçu le paiement. (2).

Serment. — Si nous supposons plusieurs rei stipulandi dont l'un a déféré le serment au débiteur, le serment une fois prêté, l'obligation corréale tout entière sera paralysée (3).

A l'inverse, si le créancier commun a déféré le serment à l'un des rei promittendi, et que celui-ci l'ait prêté, la prestation du serment équivaut à un paiement (4).

Pour que le serment éteigne l'obligation corréale, il faut évidemment qu'il soit prêté sur l'existence même de l'obligation (5).

Pourquoi le serment, qui, au fond, n'est autre chose qu'un pacte de remise conditionnel, a-t-il plus d'effet que le simple pacte de non petendo ? Cela tient au caractère religieux que les Romains attachaient au serment. Si l'on avait permis d'invoquer contre un correus une dette dont son codébiteur avait nié l'existence, on serait arrivé indirectement à prouver la fausseté du serment prêté, ce que le droit romain n'a jamais permis.

(1) L. L. 8, 9 et 10 de pec. constit. (XIII. 5).
(2) Eod. Loco.
(3) L. 28, pr. de jure jur. (XII, 2). Le Code civil (art. 1365) a admis la décision contraire.
(4) Ead. lege, § 3. Ici, au contraire, la décision du Code civil (art. 1365) est conforme à la décision romaine.
(5) Ead. lege, § 1.

Sentence d'absolution. — Le débiteur a été poursuivi par l'un des rei stipulandi et il a été absous, ou bien l'un des rei promittendi a été poursuivi par le créancier commun. La chose jugée peut-elle être opposée même aux autres rei stipulandi ou par les autres rei promittendi ?

La question ne peut pas se poser dans le droit ancien, où la litis contestatio entraînait à elle seule l'extinction de la créance. Même dans le droit de Justinien, elle ne pourra pas se poser si l'on admet avec nous que Justinien a laissé subsister l'ancien droit pour la corréalité active (1). Cependant Paul (2), parlant du *fidéjusseur,* dit qu'il peut invoquer du chef du débiteur principal l'*exceptio rei judicatæ,* et il n'y a pas de raison pour que la même règle ne s'applique pas au cas où il s'agit de correi promittendi. Or, du temps du jurisconsulte Paul, la litis contestatio avait encore son effet extinctif au cas de corréalité active ou passive. Notre texte s'explique facilement, sans même supposer aucune correction faite par les commissaires de Justinien, par cette idée que l'*exceptio rei in judicium deductæ* fit place peu à peu à l'*exceptio rei judicatæ.* Le motif en est peut-être dans cette considération qu'il sera souvent plus facile en fait de prouver la sentence que la simple deductio in jus.

Remarquons que dans le droit ancien la litis contestatio opérée avec l'un de plusieurs débiteurs tenus simplement *in solidum* ne libérait pas les autres, et que cette libération n'avait pas lieu même par l'effet du jugement. Le motif est toujours dans ce principe qu'il y a ici *deux obligations distinctes. Plures ejusdem pecuniæ credendæ mandatores, si*

(1) V. ci-dessus, p. 32 et 33.
(2) L. 7, § 1, de except. (XLIV, 1).

unus judicio eligatur, absolutione quoque secuta, non libe-
rantur (1).

Dans le droit de Justinien, il n'y a plus à distinguer, au
point de vue de l'effet de la litis contestatio, entre les correi
promittendi et les simples débiteurs in solidum, mais il
faudra encore distinguer au point de vue de l'effet de l'absolution. S'agit-il de simples débiteurs in solidum, l'absolution prononcée en faveur de l'un, ne peut pas être invoquée par les autres. En effet, notre L. 52 a été insérée au
Digeste sans correction. S'agit-il, au contraire, de correi,
l'absolution de l'un profitera aux autres. *Si plures mihi in*
solidum pro evictione teneantur, deinde post evictionem cum
uno fuero expertus ; si agam cum cæteris, exceptione me
esse repellendum Labeo ait (2).

2ᵉ CLASSE.

Passons maintenant à l'étude des modes d'extinction
dont l'effet est toujours limité à une personne déterminée.
Multum interest, nous dit Pomponius (3), *utrum res ipsa*
solvatur an persona liberetur. Cum persona liberatur,
manente obligatione, alter durat obligatus.

Capitis deminutio. — Pomponius nous donne comme
exemple le cas où l'un des débiteurs est *capite minutus.*
D'ailleurs, au cas de *minima* capitis deminutio, le créancier n'est pas sans action contre son débiteur minutus :
Cette action lui est restituée par le Préteur ; et, en cas de

---

(1) L. 52, § 3, de fidej. (XLVI, 1).
(2) L. 51, § 4, de evict. (XXI, 2).
(3) L. 19, de duob. reis.

maxima ou *media* capitis deminutio, celui qui prend les biens (ordinairement le fisc) les prend à la charge de payer les dettes.

Cession de biens. — De même, si l'un des deux rei promittendi fait l'abandon de ses biens, son correus reste obligé pour tout ce qui excède la valeur reçue par le créancier. Les Institutes le disent expressément du fidéjusseur (1) d'un bonorum cessor, et il faut le dire *a fortiori* d'un débiteur correus.

Restitutio in integrum. — Paul nous apprend que le débiteur n'est pas libéré par la *restitutio in integrum* accordée au fidéjusseur (2), et Ulpien (3) décide, en sens inverse, que le fidéjusseur d'un mineur de 25 ans n'est pas en général libéré par la restitutio in integrum accordée au débiteur principal. Ces règles doivent évidemment s'appliquer à la corréalité. Cependant on pourrait supposer que si les correi sont *socii*, la restitutio in integrum accordée à l'un, doit libérer l'autre, au moins jusqu'à concurrence de la part de son codébiteur ; mais même dans le cas de société il faut décider que le correus du mineur restitué demeure tenu in solidum. En effet, si au lieu de tomber par la restitutio in integrum, l'obligation d'un des correi était *nulle ipso jure*, l'autre n'en serait pas moins tenu (4).

Faut-il du moins appliquer aux correi socii, la décision suivante de Papinien (5) ?

Deux personnes cautionnent un même débiteur. L'une d'elles se fait restituer : l'autre ne sera tenue in solidum

---

(1) Inst. IV, 14, § 4, in fine.
(2) L. 48, pr. de minor. (IV. 4).
(3) L. 13, pr. de minor (IV. 4).
(4) L. 6, pr. de duob. reis.
(5) L. 48, § 1 de fidej. (XLVI. 1).

que si le mineur est venu accéder après coup à l'obligation déjà cautionnée.

Non, car la situation n'est pas la même. Lorsqu'un majeur s'associe avec un mineur, il est coupable de négligence. Au contraire, quand il s'agit de fidéjusseurs successifs, c'est le créancier seul qui a traité avec le mineur, c'est donc lui qui est coupable et l'autre fidéjusseur n'est pas en faute. C'est donc le créancier seul qui doit souffrir de la restitutio. La preuve que telle est bien l'opinion de Papinien, c'est que si le fidéjusseur restitué était une femme, le cofidéjusseur resterait tenu in solidum, car il ne pourrait alléguer son erreur (1).

Pacte personnel de non petendo. Serment déféré sur autre chose que l'existence de la dette. Perte de l'objet par cas fortuit, si tous les codébiteurs n'ont pas été mis en demeure. Tous ces modes d'extinction, comme nous l'avons vu, ne peuvent être invoqués que par celui avec qui le pacte a été fait, celui qui a prêté le serment, ceux qui n'ont pas été mis en demeure.

Réciproquement, quand l'obligation existe au profit de plusieurs rei stipulandi, si l'un d'eux fait un pacte de non petendo avec le débiteur, les autres conservent leur droit (2). De même, si, voulant gratifier Primus et Secundus, je m'oblige corréaliter à leur donner un certain objet, si ensuite Primus acquiert cet objet *ex causa lucrativa*, sa créance contre moi s'éteindra, mais non celle de Secundus.

3e CLASSE.

Il nous reste à étudier les modes d'extinction dont l'effet

(1) L. 48, § 1, de fidej. (XLVI. 1).
(2) L. 27 pr. de pactis (II. 14).

est tantôt relatif et tantôt absolu suivant qu'il y a ou non *société* entre les correi.

Compensation. — Que décider lorsque de deux rei *promittendi*, l'un étant devenu créancier du créancier commun celui-ci actionne l'autre? Le débiteur actionné pourra-t-il opposer la compensation née du chef de son codébiteur? Il ne le pourra pas s'ils ne sont pas *socii*, à moins, bien entendu, que le créancier n'ait déjà poursuivi l'autre débiteur, et que celui-ci n'ait déjà opposé la compensation (1). Mais, lorsqu'il y a *société*, la compensation pourra être opposée *pour le tout*, même par celui des codébiteurs qui n'est pas devenu créancier.

Je dis *pour le tout*, car supposons qu'il en soit autrement : le codébiteur oppose la compensation par exemple pour moitié seulement; comme les charges quelles qu'elles soient doivent être partagées par suite de la société, il se fera rembourser de la moitié de son avance par son codébiteur, et celui-ci, à son tour, recourra contre le créancier, ce sera une suite de recours qu'il est bien plus facile d'éviter, en admettant que le premier assigné peut opposer pour le tout la compensation. Il y a analogie avec ce que nous verrons pour le *pacte de non petendo*.

Supposons maintenant deux rei *stipulandi*. Le débiteur commun, poursuivi par l'un d'eux, peut-il lui opposer la créance qu'il a contre l'autre? Il ne le peut certes pas si les créanciers ne sont pas socii. Il ne le peut probablement pas non plus même en cas de société. En effet qu'arrive-rait-il si on l'admettait? La situation des divers correi stipulandi ne serait plus égale. Celui qui serait devenu débiteur du débiteur serait toujours payé (par l'extinction de sa

(1) L. 10 de duob. reis.

propre dette) avant ses cocréanciers ; d'ailleurs on ne peut plus argumenter de la L. 10 de duob. reis. car, ainsi que nous le verrons plus loin, le pacte de *non petendo* fait par l'un des rei stipulandi, ne peut être opposé aux autres, bien que le pacte fait par le créancier commun avec l'un des rei promittendi, puisse être invoqué par les autres.

Confusion. — Lorsque le débiteur principal se trouve libéré par suite d'une *confusion,* le débiteur accessoire est libéré également (1). Faut-il décider de même dans le cas de deux rei ? Ici encore, il faut distinguer s'ils sont ou non socii. S'il n'y avait pas société entre les deux rei Primus et Secundus, la circonstance que le créancier succède à Primus n'altère pas le droit qu'il a contre Secundus ; il ne trouve dans la succession de Primus aucune obligation de garantie envers Secundus. Si, au contraire, Primus et Secundus étaient socii, le créancier ne peut poursuivre Secundus que pour partie (2). En effet, si Secundus pouvait être contraint à payer toute la dette corréale, il invoquerait immédiatement la société contractée avec Primus, société à laquelle le créancier a succédé. Il faudrait décider de même si c'était l'un des débiteurs qui eût succédé au créancier.

Mais qu'arrivera-t-il si l'un des rei promittendi succède à l'autre, si l'un des rei stipulandi succède à l'autre ? Les deux obligations ou les deux créances subsistent. Les jurisconsultes en donnent le motif : quand les deux obligations ou les deux créances sont de même puissance, on ne peut trouver laquelle devra disparaître devant l'autre (3). Quel intérêt y a-t-il à maintenir ainsi les deux dettes ou les deux créances ? Il y en a un très-grand. Supposons, en effet, que le créancier ait fait avec Primus, l'un des débi-

(1) L. 71, pr. de fidej. (XLVI, 1).
(2) L. 71, pr. de fidej.
(3) L. 13, de duob. reis. — L. 5, de fidej. (XLVI, 1).

teurs correi, un pacte de non petendo in personam, ou lui ait accordé un terme, lorsque Primus aura succédé à Secundus, le créancier pourra, malgré l'existence du pacte ou du terme, poursuivre ce débiteur, *quia obligationem Secundi sustinet*. De même, supposons que l'un des rei stipulandi ait fait un pacte de non petendo, il peut, quand il est devenu héritier de son créancier, agir contre le débiteur commun malgré le pacte.

Pacte de non petendo et legs de libération. — Si le créancier a fait avec l'un des débiteurs un pacte de *non petendo in personam,* s'il a dit, par exemple. *a te, Prime, non petam,* ce pacte ne peut lui être opposé que par celui avec qui il l'a fait (1). Si, au contraire, le pacte est *in rem,* si le créancier a dit d'une façon générale : *non petam,* le pacte pourra être invoqué par tous les codébiteurs, s'ils sont socii, sinon par celui-là seul avec qui il a été fait (2). En effet, s'ils sont socii, celui avec lequel le pacte a été fait a intérêt à ce que les autres puissent l'opposer ; autrement, il serait exposé à leur recours. Si, au contraire, ils ne sont pas socii, celui avec lequel le pacte a été fait n'ayant aucun recours à craindre les autres ne pourront pas invoquer le pacte.

Cependant, quoique les rei promittendi ne soient pas socii, s'il est démontré que le créancier, en faisant le pacte avec Primus, a entendu renoncer absolument à tout droit de poursuite, l'action qu'il intenterait ensuite même contre Secundus serait paralysée par l'exception *doli mali* (3).

Les mêmes principes s'appliquent au legs de libéra-

---

(1) L. 71, § 1, de fidej. (XLVI, 1).
(2) L. 25, pr. de pactis (II, 14).
(3) LL. 25, § 2 et 26, de pactis.

tion (1). Nous rappelons à ce sujet que si les correi ne sont pas socii, l'héritier débiteur du legs ne devra faire qu'un pacte de non petendo avec le légataire ; si, au contraire, il y a société entre les débiteurs, l'héritier devra faire acceptilation, sans quoi les codébiteurs poursuivis recourraient contre leur codébiteur légataire, et celui-ci n'aurait pas le bénéfice qu'a voulu lui procurer le testateur.

Les mêmes règles s'appliqueraient en grande partie au cas de débiteurs tenus simplement *in solidum*. Ainsi, il faut toujours rechercher si le pacte est in rem ou in personam, et s'il y a ou non société entre les codébiteurs. *Si socii sint, etiam alteri pactum cum altero factum proderit* (2). Cependant, dans le cas où il n'y a pas société, il faut distinguer entre les *rei promittendi* et les débiteurs tenus simplement *in solidum*. Lorsque le créancier a fait un pacte de non petendo personnel avec un des rei promittendi, il peut encore poursuivre l'autre pour la totalité de l'obligation ; au contraire, si la remise a été consentie à un débiteur solidaire, la cession des actions ne pouvant plus s'opérer efficacement au profit de l'autre, celui-ci sera libéré jusqu'à concurrence de la part pour laquelle il aurait recouru contre son codébiteur (3). C'est, du reste, un point que nous étudierons spécialement plus loin.

Le pacte de non petendo fait par l'un des rei *stipulandi* peut-il être opposé aux autres ? La question était controversée chez les Romains. Le jurisconsulte Paul, se rangeant du côté de l'opinion de Neratius, Atilicinus, Proculus et Labeon, décidait la négative, sans distinguer si le

---

(1) L. 3, § 3, de liberat. leg. (XXIV, 3).
(2) L. 9, § 1, in fine de duob. reis.
(3) L. 95, § 11 de solut. (XLVI, 3).

pacte avait été fait in rem ou in personam (1). Quel en est le motif ? C'est que les créanciers ont voulu simplement que l'un d'eux pût recevoir le montant intégral de l'obligation, et que le pouvoir d'accepter un paiement n'entraîne pas celui d'éteindre l'obligation d'une autre manière.

La décision de Paul s'applique également sans distinguer si les créanciers sont ou non socii. En effet, la situation n'est pas la même que dans le cas où le pacte a été fait par le créancier à l'un des deux débiteurs socii. Dans ce cas, si le créancier poursuivait l'autre, celui-ci peut le repousser en disant que, par cette demande, il élude le pacte qu'il a consenti, puisque le débiteur non poursuivi n'aurait plus cependant tout le bénéfice du pacte. Mais quand il s'agit d'un pacte consenti par l'un des rei stipulandi, le débiteur poursuivi ne peut adresser un reproche du même genre. En outre, la L. 27 pr. de pactis dit que le pacte consenti par l'un de deux *argentarii socii* ne peut nuire à l'autre. Il ne pourra donc pas être opposé, même *pour partie,* à l'autre créancier (2). Ce que cette loi dit des argentarii socii doit évidemment s'appliquer aussi au rei stipulandi socii.

Compromis. — De deux rei credendi ou debendi, l'un a fait un compromis : l'arbitre a défendu que ce reus intentât l'action ou qu'il fût poursuivi : l'action étant intentée par son correus ou contre son correus, la peine sera-t-elle encourue ? Paul nous dit (3) qu'il faut donner la même dé-

(1) L. 27 pr. de pactis (II, 14).

(2) L'art. 1198 du C. C. admet, au contraire, que le pacte de remise fait par un seul des créanciers solidaires libère le débiteur jusqu'à concurrence de la part de ce créancier.

(3) L. 34, pr. de receptis (IV, 8).

cision que pour le fidéjusseur, si les rei sont *socii,* c'est-à-dire que si le créancier qui n'a pas participé au compromis poursuit le débiteur, la peine sera encourue par l'autre créancier ; si le créancier poursuit le débiteur avec lequel il n'a pas fait le compromis; il devra payer à l'autre le montant de la peine. Si, au contraire, les rei credendi ou debendi ne sont pas socii, la poursuite exercée par moi qui n'ai pas fait le compromis, ne paraît pas exercée par vous qui l'avez fait ; la poursuite exercée contre moi, avec qui le créancier a compromis, ne paraît pas exercée contre vous qui avez traité avec lui (1).

Mais remarquons bien qu'il ne s'agit pas de savoir si la convention, le compromis peut être invoqué par celui des débiteurs qui ne l'a pas fait ou contre celui des créanciers qui l'a fait. Pour ces questions, il faut appliquer les mêmes règles que pour le pacte de non petendo.

Transaction. — Quel est l'effet de la transaction faite par l'un des rei stipulandi avec le débiteur, ou par l'un des rei promittendi avec le créancier? Pour résoudre la question, il faut distinguer la manière dont la transaction s'est opérée. Ou les parties se sont servies de *l'acceptilatio* pour éteindre l'ancienne obligation, ou elles ont employé le pacte *de non petendo.* Il suffit donc de se reporter aux règles que nous avons établies pour ces deux modes d'extinction.

(1) L. 34, pr. de receptis (IV, 8).

CHAPITRE IV.

RAPPORTS DES CRÉANCIERS ET DES DÉBITEURS CORRÉAUX ENTRE EUX.

Supposons que l'un des costipulants a reçu la totalité de la créance. Ses cocréanciers auront-ils un recours à exercer contre lui? A l'inverse, le codébiteur qui a payé la totalité de la dette pourra-t-il recourir contre ses codébiteurs? Les textes distinguent à ce sujet entre le cas où les *correi* sont *socii* et celui où ils ne le sont pas. S'ils sont *socii,* le créancier qui a touché seul doit rendre compte de ce qu'il a reçu, le débiteur qui a payé seul peut se faire indemniser par ses codébiteurs ; au contraire, si les *correi* ne sont pas *socii*, il semblerait, à consulter les textes, que toute idée de recours soit supprimée, de telle sorte que le créancier payé bénéficie seul définitivement du paiement, et que le débiteur qui a payé supporte seul définitivement le fardeau de la dette.

Cette distinction, que nous avons déjà vue exprimée dans le chapitre précédent, au sujet des *modes* d'extinction dont l'effet est tantôt relatif et tantôt absolu, est consignée dans un texte important (1), dans lequel Ulpien, s'occupant de la façon dont doivent être appréciés, pour l'application de la L. Falcidie, l'actif et le passif d'un testateur créancier ou débiteur corréal, décide que, s'il y a société, l'hérédité est créancière ou débitrice pour moitié,

(1) L. 62, pr. ad leg. Falcid. (XXXV, 2).

sinon la question sera indécise jusqu'au paiement, qui décidera quel patrimoine doit être définitivement considéré comme créancier ou comme débiteur.

Il est certain qu'aucun recours ne découle *de la corréalité même,* c'est ce qui justifie la distinction que font les textes. Si, comme nous le verrons plus loin, certains auteurs ont admis qu'il pouvait naître de la solidarité une action de gestion d'affaires, tous sont d'accord pour décider que du seul fait de la corréalité aucune action ne peut résulter entre les créanciers ou les débiteurs. En effet, le créancier qui a été payé a reçu simplement *ce qui lui était dû,* puisqu'il était créancier du tout et qu'il n'y avait *qu'une obligation.* Donc, il n'a pas de compte à rendre. A l'inverse, le débiteur qui a tout payé a payé *sa propre dette;* il n'a donc aucun titre pour agir contre ses codébiteurs. Il ne peut pas avoir l'action de *gestion d'affaires,* puisqu'il a acquitté non pas la dette d'autrui, mais la sienne propre. *Théoriquement,* on comprend donc que la corréalité par elle-même ne donne pas d'action en recours ni de la part des débiteurs, ni de la part des créanciers. Mais est-il possible, *pratiquement,* que la corréalité puisse se former sans qu'il existe entre les contractants des relations qui donnent lieu à un recours?

La situation aléatoire qui serait faite à chacune des parties en cas de créanciers ou débiteurs *non socii* peut encore se comprendre lorsqu'elle est le résultat du caprice d'un testateur ou d'un donateur, laissant à chacun des colégataires ou donataires la chance de toucher seul le montant du legs ou de la donation, ou à chacun des héritiers la chance de ne pas payer le legs. Mais, comment comprendre cette situation dans des actes à titre onéreux, où chacun évidemment cherche à se procurer un avantage? Comment supposer que deux personnes stipulent la même chose, sachant bien que le bénéfice de la stipulation sera pour ainsi dire le prix de la course, ou promettent la même chose en s'exposant à subir définitivement la charge du paiement intégral ?

La solution n'est admissible, *pratiquement,* que dans le cas de corréalité *passive,* et lorsque cette corréalité passive existe entre deux codébiteurs dont l'un n'est *que la caution de l'autre,* mais qui restent correi par rapport au créancier (1). Si celui qui est débiteur principal est poursuivi le premier et désintéresse intégralement le créancier, il est certain qu'il n'aura aucun recours à exercer contre son codébiteur. Il n'a pas de recours comme correus, il n'en a pas non plus en vertu de la fidéjussion. En dehors de cette hypothèse, peut-on trouver des cas où, pratiquement, le recours n'existe pas ?

On a proposé à ce sujet plusieurs explications (2). Voyons d'abord ce qu'on a dit de la corréalité *active* sans société. La première explication consiste à supposer que deux personnes, ne se connaissant pas, ont besoin de la même somme, par exemple 100. Elles se trouvent au même moment chez un même banquier, qui, ne pouvant leur prêter en tout que 100, promet de compter cette somme au premier qui se présentera. Cette hypothèse est inadmissible. Évidemment, a-t-on fait remarquer, à moins que les emprunteurs ne soient des niais ou des fripons, l'un d'eux ira frapper à une autre porte.

(1) Nov. 99.
(2) V. pour toute cette question : Demangeat, Cours élém. de D. romain, t. 2, p. 264 ; — Accarias, Précis de D. romain, t. 2, p. 328 et seq. ; — Machelard, Observ. sur la Corréalité, Revue de législat. franç. et étrangère, 1875, 3ᵉ livraison.

Une autre explication suppose une stipulation de corréalité intervenant après un acte qui a déjà établi des rapports entre les parties. Ce serait, par exemple, le cas d'un *acheteur* qui, débiteur du prix de vente, s'adresserait à un banquier et ferait intervenir son *vendeur* commé costipulant, sans doute dans l'intention d'assurer le paiement ponctuel du prix par le banquier. Ce pourrait être encore un mandant stipulant, pour assurer l'exécution du mandat, conjointement avec son mandataire, une certaine somme d'un banquier, qui devrait, à un moment donné, la compter à l'un ou à l'autre.

D'abord, nous ne voyons pas bien l'utilité de pareilles stipulations ; car, dans le premier cas, le vendeur n'a pas d'intérêt à la stipulation. Il aurait pu se contenter d'une expromissio ou d'une fidejussio faite par le banquier. Ensuite, il y a véritablement des relations entre le vendeur et l'acheteur, relations qui permettront un recours du premier contre le second, par exemple par l'actio *venditi,* par l'actio *mandati.* Mêmes objections pour la deuxième hypothèse. Peu importe que les correi soient socii ou non socii : leurs rapports sont réglés d'une autre façon. Ils ne sont pas indépendants les uns des autres.

Passons maintenant à la corréalité passive. On a également cherché des hypothèses où la distinction entre les débiteurs, *socii ou non socii,* autoriserait ou non un recours. Ici MM. Demangeat et Accarias, qui ont cherché la solution de notre problème, s'accordent sur le choix de l'hypothèse. Il s'agirait d'un homme qui, ayant besoin à telle époque, de 100 à Ephèse, se fait ouvrir un crédit par deux banquiers de Rome, pour être sûr de toucher l'argent à l'époque fixée, et le fait ouvrir *corréalement,* pour n'avoir pas à payer un double droit de commission. Il est évident ici que les banquiers devront s'entendre pour ne pas envoyer deux fois la même somme, pour se partager le montant de la commission, et enfin pour ne pas faire porter sur un seul les risques de l'opération.

Comment donc expliquerons nous la L. 62 ad leg. Falcid. ? Puisque les exemples qui nous ont été présentés admettent toujours, d'après nous, l'idée d'un recours forcé, il semble qu'il n'y ait pas d'intérêt à distinguer si les débiteurs ou créanciers corréaux sont socii ou non, car, s'ils sont socii, ils auront l'action *pro socio*, dans le cas contraire, ils auront une autre action (action *mandati, communi dividundo ...etc.*), par laquelle ils obtiendront le même résultat. Il nous semble que la Loi 62 ad leg. Falcid. doit s'expliquer ainsi. Nous avons vu qu'il pouvait arriver que, l'un des débiteurs, n'étant, par rapport à son codébiteur qu'un fidéjusseur, ne fût pas intéressé à la dette, de sorte que si le véritable débiteur payait le créancier, il n'eût point de recours contre son codébiteur, simple fidéjusseur par rapport à lui. Or, à quoi reconnaître si l'un des débiteurs est intéressé ou non dans l'acte qui a établi la corréalité ! Dans le doute, les Romains présumaient que le contrat était intervenu *dans l'intérêt unique de celui qui avait payé*. Voilà pourquoi la L. 62 ad. leg. Falcid. dit qu'il faudra attendre le paiement pour connaître le montant de l'hérédité.

Cette présomption se trouvait quelquefois exacte, car il est probable que le créancier, principal intéressé, agissait souvent le premier, et que le débiteur en vue duquel avait été contractée l'obligation était poursuivi le premier, lorsqu'il n'y avait pas de doute sur sa solvabilité ; d'autant plus que souvent le débiteur non intéressé, s'il était d'abord poursuivi, donnait mandat au créancier de pour-

4

suivre son correus, principal intéressé, à ses risques et
périls.

Mais, lorsque cette présomption se trouvait fausse,
comment arrivait-on à éviter les inconvénients résultant
du défaut de société exprimée entre les correi stipulandi
ou promittendi? Pour la corréalité active, on ne trouve
pas de texte qui autorise à supposer qu'en dehors du cas
de société, il y eût un recours possible. L'absence de décisions à ce sujet doit être attribuée au peu d'importance
qu'avait en pratique, chez les Romains comme chez nous,
la corréalité active.

Un texte de Marcellus (1) nous montre que certains
jurisconsultes accordaient peut-être le *bénéfice de division*
aux débiteurs solidaires. Ce bénéfice, si on l'étendait aux
débiteurs corréaux, rendrait superflue la question de savoir
s'il y avait ou non un recours. Mais Marcellus ajoute qu'il
est plus équitable de laisser au créancier le droit de poursuivre pour la totalité, et d'ailleurs aucun texte ne fait voir
qu'il ait été question d'accorder ce bénéfice aux débiteurs
corréaux proprement dits.

Le *bénéfice de division* fut-il du moins accordé aux débiteurs corréaux par Justinien ? Si l'on admet son existence
à cette époque, il est facile de comprendre que les textes
romains, réunis par l'ordre de l'empereur, aient passé
sous silence la question de recours en cas de rei non socii.
Quelques auteurs admettent le bénéfice de division à cette
époque en s'appuyant sur les termes de la novelle 99.

Si l'on se range à cette opinion, il semblerait que la corréalité ait disparu de la législation romaine, car le grand
avantage de la corréalité est d'empêcher la *division de la*

(1) L. 47 local. cond. (XIX. 2).

dette. Cependant, même avec le bénéfice de division, il y aurait encore cette différence, entre les débiteurs corréaux et les débiteurs simplement conjoints, que, dans le cas de corréalité, l'insolvabilité d'un des débiteurs est supportée non par le créancier, mais par les codébiteurs de l'insolvable.

Nous ne croyons pas qu'il faille donner à la novelle 99 la portée que certains auteurs ont voulu lui attribuer. Nous pensons que, même après cette novelle, la corréalité passive continua à être réglée par les mêmes principes qu'au temps de Marcellus. Pour démontrer notre théorie, nous allons citer les termes mêmes de la novelle, et exposer les systèmes auxquels elle a donné lieu.

Si quis enim accipiat aliquos qui mutua fidejussione se obligent : si quidem non addiderit debere etiam singulos in solidum teneri, omnes ex æquo conveniantur. Sin autem etiam tale quid additum sit, pactum quidem servetur ; non tamen statim ab initio solidum a singulis exigatur, sed interim pro parte qua quisque tenetur, ille vero etiam reliquos conveniat, si quidem et solvendo et præsentes sint. Et si hoc ita se habere appareat, siquidem locupletes et præsentes sint, solvere illis necesse sit (cuilibet pro sua parte) quod mutua fidejussione creditum eis est, ex quo omnino obligati sunt, nec commune debitum proprium alicujus onus fiat. Sin vero reliqui, sive omnes, sive aliqui, sive pro parte sive in solidum, non idonei appareant, vel etiam absentes fortasse sint, in illud quoque teneantur quod a reliquis accipi non potuit. Sic enim et eis pacti ratio servabitur, nec ullum actor damnum sentiet. Ac, licet illi, ignorante eo qui obligatos eos habet, pactum aliquod inter se fecerint, tamen unusquisque tenebitur sicut ab initio scripsit, nec licentiam habebit, artibus, dolis, aut transactionibus pacta violandi.

D'après Cujas (1), le bénéfice de division qui résulterait
de notre texte devrait être généralisé, à l'imitation de ce
qui a eu lieu depuis Adrien pour les fidéjusseurs. L'existence de la corréalité suffirait pour donner droit au bénéfice de division. Cujas s'appuie sur ce que le texte n'intro-
duit pas dans la question d'élément étranger à la corréalité.
D'abord, il traite de débiteurs non corréaux, puis de débiteurs corréaux, et, dans ce dernier cas, il accorde la
division sans qu'aucune idée accessoire puisse justifier ce
bénéfice. Donc, le bénéfice de division résulte bien de la
corréalité.

Ce système a le défaut de ne pas tenir compte du renvoi
que fait Justinien à la novelle 4, dans la préface de la
novelle 99. Dans la novelle 4, l'empereur étend à tous les
fidéjusseurs le bénéfice de discussion. En outre, le système
que nous combattons n'attache pas assez d'importance aux
premiers mots de la novelle 99, qui indiquent bien clairement que les correi sont fidéjusseurs les uns des autres :
aliquos qui mutua fidejussione se obligent.

Une autre opinion (2), sans accorder aussi généralement
le bénéfice de Division, le concède à tous les débiteurs
corréaux qui ont simplement *un intérêt commun*, cette
communauté d'intérêt établissant une sorte de *fidéjussion
virtuelle*. A l'appui de cette opinion, on invoque les expressions suivantes : *Quod mutua fidejussione creditum est,*
ce qui indique un prêt fait dans l'intérêt commun de tous
les emprunteurs, et *nec commune debitum proprium alicujus onus fiat*, ou *commune debitum* signifierait une dette
contractée *dans l'intérêt de tous.*

Nous ferons remarquer à ce sujet qn'il est arbitraire de

____

(1) Comm. de la nov. 99 (OEuvres, t. X).
(2) M. de Vangerow.

supposer une fidéjussion *virtuelle* dans la 2me partie de notre texte, lorsque la 1re partie parle déjà d'une fidéjussion expressè. En outre, s'il est vrai que Justinien cite l'exemple de plusieurs personnes qui ont fait un emprunt, il n'est pas nécessaire d'en conclure que le bénéfice dont il s'agit aura lieu seulement dans le cas où les débiteurs solidaires auraient également profité d'un emprunt ou d'une opération analogue. Ce qui le prouve, c'est que dans la Novelle 4, Justinien, établissant le bénéfice de discussion au profit des fidéjusseurs, suppose aussi que le débiteur principal a touché une somme à titre d'emprunt. Evidemment on ne pourrait soutenir que l'empereur n'a voulu secourir le fidéjusseur que dans le cas d'emprunt. Pourquoi donc donner, dans la Novelle 99 tant d'importance à la nature de l'exemple cité ? Enfin, on prétend que, par *commune debitum,* il faut entendre une dette contractée dans l'intérêt de tous, or les Romains emploient souvent *commune debitum* ou des expressions analogues pour désigner simplement l'obligation corréale (1). Ajoutons que, si l'équité forçait à admettre le bénéfice de Division quand tous les débiteurs ont profité du contrat, l'un ne devant pas être traité plus rigoureusement que les autres, à plus forte raison devrait-on décider que, dans le cas *ou un seul des débiteurs* aurait profité de l'opération, si les autres étaient poursuivis, ils pourraient invoquer le bénéfice de la Novelle, et pourtant nos adversaires décident qu'il faut pour l'invoquer la communauté d'intérêt.

Nous ferons une dernière observation qui nous semble détruire complétement la vertu de cette *fidéjussion tacile* sur laquelle on prétend fonder le recours. La fin de la

(1) V. L. 34 § 1 de Solut. (XLVI. 3).

Novelle 99 décide que tout pacte conclu entre les débiteurs à l'insu du créancier ne peut être opposé à celui-ci. A plus forte raison ne pourrait-on pas lui opposer un cautionnement *tacite* résultant seulement de la communauté d'intérêts, communauté que le créancier a très-bien pu ignorer.

Comment donc devons-nous comprendre la Novelle ? Il faut, croyons-nous, restreindre l'application du bénéfice dont elle parle au cas où des *fidéjusseurs* se seraient obligés corréalement. Justinien cherche à combiner le principe de solidarité et le principe de fidéjussion, de telle sorte que le créancier soit en définitive traité aussi bien que s'il avait affaire à des débiteurs solidaires, et que cependant les obligés puissent invoquer de leur côté jusqu'à un certain point les bénéfices accordés aux fidéjusseurs et demander l'application de la Novelle 4.

On a prétendu il est vrai que la Novelle 99 entendue ainsi se rapporterait à un cas tellement bizarre qu'elle n'aurait aucune utilité. Nous ne voyons pas en quoi il est si bizarre que des fidéjusseurs s'obligent in solidum ou que des débiteurs correi se portent fidéjusseurs les uns des autres. Le créancier et les débiteurs peuvent avoir intérêt à cette combinaison des qualités de correus et de fidéjusseur. D'ailleurs Justinien n'est pas le seul qui prévoie ce cas. Papinien (1) cite la même hypothèse. Les Romains ne la considéraient donc pas comme ne devant jamais se présenter.

On nous fait une autre objection. Avec cette interprétation, nous dit-on (2), il arrivera ce résultat étrange que, là où les débiteurs se sont obligés doublement, et comme

(1) L. 11 de duob. reis.
(2) M. de Vangerow.

correi et comme cautions, le créancier aura moins de droit contre eux que s'ils s'étaient obligés simplement comme correi. M. de Savigny répond, il est vrai que le droit du créancier n'est nullement affaibli, puisqu'il peut encore poursuivre l'un des débiteurs à son choix. Mais il y a une autre réponse bien plus décisive. De ce que les débiteurs sont obligés et à titre de débiteurs corréaux, et à titre de fidéjusseurs les uns des autres, il ne s'ensuit nullement qu'ils doivent être traités plus rigoureusement que s'ils étaient simplement rei. Si le cautionnement réciproque est aggravé par la clause de solidarité, à l'inverse, la solidarité doit être tempérée par la fidéjussion : les obligés devront être tenus plus que des fidéjusseurs ordinaires, mais moins que de simples débiteurs solidaires.

Concluons donc que le bénéfice de la Novelle 99 ne pourra être invoqué par les rei que dans le cas où, à leur qualité de débiteurs corréaux ils joindront celle de fidéjusseurs (1).

Mais, si nous décidons ainsi, nous nous retrouvons devant la difficulté que nous voulions éviter : celle de savoir comment doivent se régler les rapports des correi promittendi, dans le cas où il n'y a pas de société entre eux.

On était arrivé à tourner cette difficulté au moyen du bénéfice de *cession d'actions*. Ce bénéfice existait déjà, au profit de fidéjusseurs tenus in solidum, antérieurement même à l'introduction du bénéf. de division (2). Son extension au profit des correi promittendi est attestée par

____

(1) De tout ce que nous avons dit, il résulte que la Nov. 99 traite plutôt du bénéfice de *discussion* que du bénéfice de *division* proprement dit.

(2) L. 17 de fidej. (XLVI. 1).

un texte de Papinien (1). Le débiteur poursuivi exigeait, en payant, que le créancier le substituât à ses droits (2).

Par suite de cette substitution aux droits du créancier, le débiteur se trouvait dans une position meilleure que s'il avait pu invoquer le rapport de société. En effet, au lieu d'avoir une simple action personnelle sans aucun droit de préférence, il pouvait jouir des garanties attachées à la créance originaire. Le créancier n'avait pas d'intérêt à lui refuser cette cession, puisqu'il était désintéressé. Il en résultait que, comme la cession ne pouvait avoir lieu qu'avec son consentement (3), s'il ne voulait pas l'accorder, le débiteur pouvait refuser le paiement en opposant *l'exception de dol*. Nous laissons de côté l'hypothèse où les actions du créancier auraient été éteintes sans dol de sa part.

Cette cession d'actions devait-elle toujours être consentie par le créancier, quelle que fût la situation du débiteur payant par rapport à ses codébiteurs, et, en cas de refus, le débiteur pouvait-il toujours opposer l'exception de dol ?

Faut-il, au contraire, limiter cette exception de dol et le bénéfice de cession d'actions, au cas où les codébiteurs auraient déjà une *action propre pour exercer un recours ?*

La question n'avait pas été soulevée jusqu'à ces temps derniers. On était d'accord pour généraliser le bénéfice de

(1) L. 65 de evict. (XXI. 2).

(2) Pour expliquer la survivance des actions nonobstant le paiement, on disait que l'argent versé par le cessionnaire, n'avait pas pour but d'éteindre la dette, mais qu'il devait être considéré comme étant le prix de l'achat des actions. L. 36 de fidej. (XLVI. 1).

(3). Puisqu'elle se faisait, en constituant le débiteur *procurator in rem suam.*

cession d'actions. Un auteur (1) a soutenu récemment que la cession d'actions ne pouvait avoir lieu qu'au cas de société entre les codébiteurs (2).

Il pose en principe que : « *pour être fondé à exiger une cession d'actions, il faut s'autoriser d'un droit antérieur, soit contre celui auquel elles appartiennent aujourd'hui, soit contre ceux qui en sont tenus. Or,* dit-il, *à coup sûr, le correus promittendi n'est pas créancier du stipulant, et, comme il n'y a pas de société, il ne l'est pas non plus de son copromettant.* » Quant aux textes qu'on a pu lui opposer, il prétend qu'ils visent seulement le cas où il y a société.

Nous ne saurions admettre cette interprétation. Nous pensons que les principes et les textes s'y opposent. D'abord, nous dit-on, pour obtenir la cession d'actions, il faut la fonder sur un *droit antérieur*. Or, nous avons admis que le débiteur qui a été obligé de payer la totalité, a *nécessairement* un recours à exercer contre son codébiteur. Donc, même en admettant le principe du commentateur, la cession d'actions serait toujours possible.

Mais ce principe lui-même ne saurait être accepté. En effet, le débiteur ne prétend pas exiger seulement les accessoires de la créance originaire, auquel cas il faudrait en effet qu'il eût une créance à laquelle vinssent se joindre ces accessoires ; ce qu'il demande, ce qu'il *achète*, c'est l'action même du créancier. Secondement, le créancier ne peut pas se refuser à faire cette cession en alléguant que

(1) M. Accarias. Précis de Dr. Romain, T, II, page 323.
(2) M. Accarias ne prévoit que le cas de société, car c'est dans ce cas seulement qu'il accorde un recours au débiteur qui a payé la totalité. Mais, comme nous avons admis une théorie différente, nous avons dû poser la question d'une façon un peu plus générale.

les codébiteurs n'ont point de rapports entre eux. Du moment que le débiteur offre de le désintéresser, quel intérêt peut-il avoir à conserver ses actions, en recherchant s'il existe ou non des rapports entre les codébiteurs? S'il n'a pas d'intérêt à refuser de les céder, il commet un dol en refusant, et, par suite, l'exception de dol peut lui être opposée.

Nous pouvons appuyer notre solution sur deux textes : la L. 65 de evict. (XXI, 2) et la L. 2, C. de duob. reis (VIII, 40) (1). On a essayé de les restreindre au cas où il y a société en s'appuyant, pour le premier, sur ce que dans l'hypothèse prévue (entre deux covendeurs) la corréalité ne peut aller sans société. Il est vrai que la Loi règle une hypothèse spéciale, mais le motif qu'elle donne de sa décision, *quia non duo rei facti proponerentur,* est général. Quant à l'autre loi, M. Accarias, pour en restreindre l'application au cas de société, est obligé d'expliquer le mot *communiter* comme M. de Vangerow explique le mot commune debitum dans la Novelle 99.

Il nous reste à expliquer comment notre décision peut se concilier avec la L. 62 ad leg. Falcidiam. Comment

(1) Rem hereditariam pignori obligatam heredes vendiderunt, et evictionis nomine pro partibus hereditariis spoponderunt : cum alter pignus pro sua parte liberasset, rem creditor evicit. Quærebatur an uterque heredum conveniri possit? Idque placebat, propter indivisam pignoris causam ; nec remedio locus esse videbatur, ut per doli exceptionem actiones ei, qui pecuniam creditori dedit, præstarentur : *quia non duo rei facti proponerentur.....* (L. 65 de evict.)

Creditor prohiberi non potest exigere debitum, cum sint duo rei promittendi ejusdem pecuniæ a quo velit, et ideo si probaveris te conventum in solidum exsolvisse, rector provinciæ juvare te adversus eum cum quo *communiter* mutuam pecuniam accepisti non cunctabitur. (L. 2, C, de duob. reis).

peut-on dire encore qu'au premier abord, hors du cas de société, on ne peut connaître le montant de l'hérédité pour arriver au calcul de la Falcidie. Nous avons déjà vu (1) que le doute résultait de l'ignorance sur les rapports réels des codébiteurs. N'étaient-ils que fidéjusseurs par rapport à l'un d'eux débiteur principal, si celui-ci payait il n'y avait point de recours. Cette loi ne contredit donc point la solution que nous admettons pour le cas où tous les débiteurs sont intéressés à la dette.

Nous croyons donc devoir maintenir la solution ancienne, et affirmer que le bénéfice de cession d'actions était accordé à tous les débiteurs corréaux, qu'il y eût ou non société entre eux.

C'est un sentiment d'équité qui avait fait introduire le bénéfice de cession d'actions. Ce sentiment serait méconnu si l'on admettait que le codébiteur, cessionnaire des actions du créancier, pût à son tour poursuivre ses codébiteurs pour la totalité. Aussi les commentateurs s'accordent-ils pour décider que non-seulement ce cessionnaire devait faire déduction de sa part virile, mais encore qu'il ne pouvait poursuivre chacun de ses codébiteurs que pour sa part. A l'appui de cette décision, on peut citer deux textes (2). Le premier décide que, dans le cas où l'un des possesseurs de plusieurs fonds a fait au fisc l'avance de la totalité de la redevance et a obtenu la cession des actions du fisc, cette cession ne pourra être invoquée contre les autres possesseurs que *pro modo prædiorum,* dans la mesure des immeubles détenus par le cessionnaire. Le second texte suppose un fidéjusseur qui, n'ayant pas le moyen d'obtenir la

(1) V. suprà, page 49.
(2) L. 5 de Censibus (L. 15). — L. 10 pr. de fidej. (XLVI, 1).

cession d'actions en payant la totalité de la dette, donne mandat au créancier de poursuivre les autres fidéjusseurs en prenant sur lui les risques de leur insolvabilité. Il décide que, dans ce cas, les autres fidéjusseurs devront être poursuivis pour partie seulement. Si cette division de la poursuite est exigée, c'est évidemment parce que le créancier joue le rôle que jouerait le fidéjusseur cessionnaire des actions.

Jusqu'à quel moment pouvait-on invoquer le bénéfice de cession d'actions? Dans le cas de simple obligation *in solidum,* la cession peut être exigée, même *après la litis contestatio et après la sentence* (1). Dans ce dernier cas, le débiteur attend qu'on le poursuive par l'*actio judicati,* pour réclamer la cession sous forme d'exception (2). Mais la cession ne peut plus être exigée après le paiement, car les actions sont éteintes (3).

En matière d'obligation *corréale,* la cession ne peut plus être demandée après qu'il y a eu *litis contestatio,* car, ainsi que nous l'avons vu, la litis contestatio éteint entièrement l'obligation corréale. Nous rappelons que cette différence n'existe plus sous Justinien, qui a supprimé les effets rigoureux de la litis contestatio.

Lorsqu'il y a simplement obligation *in solidum,* et au cas particulier où le débiteur qui paie *a été poursuivi par le créancier,* les jurisconsultes nous parlent d'une action *utile* qui serait accordée à ce débiteur (4). Cette action doit être l'action même du créancier, qui passe au débiteur en

(1) L. 1, § 18, de tutelæ et ration. (XXVII, 3).
(2) L. 41, § 1, de fidej. (XLVI, 1).
(3) L. 76, de solut. (XLVI, 3).
(4) L. 1, § 13, de tutelæ et ration. (XXVII, 3). — L. 2, C. de contr. jud. tut. (V. 58). — L. 4, de his qui effud. (IX, 3).

vertu d'une cession sous-entendue. Notre décision peut s'appuyer sur deux textes : l'un d'Antonin Caracalla, et l'autre d'Ulpien, qui mettent sur la même ligne le droit d'exiger la *cession des actions* et le droit d'exercer l'*action utile* (1).

Cette action utile était-elle accordée également aux débiteurs *corréaux ?* Il semble qu'à l'origine òn la leur ait refusée. Cela résulte d'une décision de Modestin, relative aux fidéjusseurs. (L. 39 de fidej., XLVI, 1). Mais il est probable qu'elle leur fut concédée plus tard, car un rescrit de Dioclétien et de Maximien, parlant expressément de rei promittendi, nous dit : ....*Si probaveris te conventum in solidum exsolvisse, rector provinciæ juvare te adversus eum cum quo communiter mutuam pecuniam accepisti, non cunctabitur* (2). Ce secours accordé par le gouverneur de la province devait être notre bénéfice de cession d'actions.

Supposons que le débiteur qui a payé n'ait pas exigé la cession d'actions et qu'il n'ait pas droit à l'action utile (par exemple, s'il a payé spontanément), sera-t-il dépourvu de toute espèce de recours ?

Certains auteurs lui accordent en ce cas *l'actio negotiorum gestorum contraria;* mais seulement lorsqu'il s'agit de débiteurs tenus simplement in solidum. La question ne s'élève pas pour les débiteurs corréaux. Pour établir cette distinction, on donne les raisons suivantes (3) :

En matière de dette corréale, le débiteur qui paie ne

---

(1) L. 2, C. de contr. jud. tut. (V. 58). — L. 1, § 14, de tutelæ et rationib. (XXVII, 3). — Certains auteurs prétendent que cette action serait une *actio negotiorum gestorum utilis*. Voir plus loin, page 63, la réfutation de cette opinion.

(2) L. 2, C. de duob. reis (VIII, 40).

(3) M. de Vangerow.

peut pas prétendre à l'action de gestion d'affaires, parce qu'il n'a pas fait l'affaire d'autrui. En effet, nous étions en face d'une obligation unique. Le débiteur poursuivi a éteint son obligation ; on ne peut pas dire qu'il a éteint celle de ses codébiteurs. En cas de solidarité, au contraire, comme il y a plusieurs obligations, un seul, en payant, se trouve avoir fait l'affaire des autres. On peut donc voir là une sorte de gestion d'affaires. Le seul point délicat qui pourrait empêcher de considérer l'opération comme une gestion d'affaires, consiste en ce que le débiteur a payé, non pour libérer les autres, mais seulement pour éteindre sa propre dette. On doit donc se demander si celui qui a fait l'affaire d'autrui en faisant la sienne propre, a droit à l'action *negotiorum gestorum*. Si l'on admet l'affirmative, il faudra accorder cette action *au débiteur solidaire*.

Certains jurisconsultes, Africain notamment (1), semblent enseigner que *l'intention de faire l'affaire d'autrui* n'était pas nécessaire pour donner naissance à l'action negotiorum gestorum. Comme conséquence de sa théorie on devrait, dans notre espèce, accorder cette action, et la L. 30 de neg. gest. (III, 5) nous montre, en effet, que certains jurisconsultes étaient de cet avis. Sans restreindre la portée de la L. 30, comme l'a fait Cujas (2), mais sans la généraliser non plus comme l'a fait M. de Vangerow, nous pensons que c'est simplement la décision d'un jurisconsulte qui, sur le point précédent, se trouve d'accord avec Africain. Mais ce n'est pas l'opinion qui a prévalu, même antérieurement à Justinien, comme le démontre la L. 19, § 1, de Condict. indeb. (XII, 6). L'intention était exigée

(1) L. 49, de neg. gest. (III, 5).
(2) Comm. in lib. III. Digest. Salvii Juliani.

en matière de gestion d'affaires, et, comme conséquence, le débiteur qui avait payé, même une dette solidaire, ne pouvait invoquer le recours résultant de la gestion d'affaires.

L'action utile qui était, comme nous l'avons vu, un recours subsidiaire accordé au débiteur solidaire, a été considérée, par certains auteurs, comme *une actio negotiorum gestorum utilis*. Ce que nous venons de dire prouve que l'on ne voyait pas une gestion d'affaires dans le cas où un débiteur solidaire paie la totalité. Nous remarquerons, en outre, que si tel était le caractère de l'action au cas de solidarité, on ne voit pas pourquoi l'action utile ne serait pas accordée aussi bien au débiteur qui paie spontanément qu'à celui qui paie sur les poursuites du créancier ; or, la L. 76 de solut. (XLVI. 3), montre clairement que, dans le cas de paiement spontané, si la cession n'a pas été exigée à temps, aucun secours n'est accordé au débiteur.

CHAPITRE V

DISTINCTION DE LA CORRÉALITÉ
D'AVEC LA SOLIDARITÉ ET L'INDIVISIBILITÉ

I. Distinction de la corréalité d'avec la solidarité. —
Nous avons, dans le chapitre II de notre travail (1), par-
couru les diverses sources d'où pouvait naître une obligation corréale ou solidaire, et nous avons réservé la question
de savoir quels actes donnaient naissance à l'obligation
corréale, quels actes établissaient seulement une obligation
in solidum. Maintenant que nous avons étudié simultané-
ment les règles applicables à ces deux classes d'obligations, il nous sera plus facile de les distinguer.

Rappelons d'abord que la base de la distinction repose
sur la théorie suivante : quel que soit le nombre des débiteurs, l'obligation corréale est unique ; dans l'obligation
solidaire, il y a autant d'obligations que de débiteurs. C'est
de ce principe que découlent toutes les différences que
nous allons signaler.

Nous n'entrerons pas dans le détail des questions, que
nous avons pour la plupart résolues à d'autres endroits de
cette étude, et nous nous contenterons de rappeler que la
distinction à faire, présente un intérêt sous trois rapports,
que nous allons passer rapidement en revue.

(1) Sources de la corréalité, p. 10 et seq.

1° Au point de vue de l'effet de la litis contestatio.

2° Au point de vue de l'effet de la faute imputable à l'un des codébiteurs.

3° Au point de vue des recours entre les débiteurs (Bénéf. de division, bénéf. de cession d'actions.)

Remarquons d'abord que du côté actif, les textes nous parlent toujours de corréalité et jamais de simple solidarité.

Effet de la litis contestatio. — La simple poursuite exercée contre l'un des correi promittendi libère les autres. C'est une conséquence naturelle de l'idée que, malgré la pluralité des débiteurs, une seule obligation pèse sur tous. Dans le cas de simple solidarité, au contraire, la poursuite dirigée contre l'un des codébiteurs ne suffit pas pour libérer les autres ; ils ne le sont que par le paiement effectué : *si cum uno fuerit actum, cœteri liberabuntur perceptionc, non litis contestatione* (1).

Perte de la chose par la faute de l'un des codébiteurs. — Si la faute de l'un des correi doit nuire aux autres (2), il n'en est pas de même de la faute d'un des débiteurs solidaires. Il y a autant de dettes distinctes que de débiteurs, donc, si la chose périt par la faute d'un seul, celui-ci reste obligé, mais les dettes des autres sont éteintes, car, à leur égard la perte a eu lieu pour ainsi dire par cas fortuit (3).

Recours entre codébiteurs ; (Bénéfice de Division ; Cession d'actions). — En cas de corréalité, nous avons admis que le bénéfice de Division n'était accordé que si les codé-

(1) LL. 1, § 10, 2, 3, 4 de his qui effud. (IX. 3).—L. L. 7, § 4 et 8 quod falso tut. auct. (XXVII. 6).—L. 5, § 15 commod. (XIII. 6) L. 11, § 1 de fidej. (XLVI. 1).

(2) L. 18 de duob. reis.

(3) L. 1, § 43 in fine *Depositi* (XVI. 3) V. ci-dessus page 23.

biteurs étaient réciproquement fidéjusseurs les uns des autres. Lors au contraire qu'il n'y a que simple obligation in solidum, en dehors même du cas où les débiteurs solidaires accèdent à une obligation principale, ils ont quelquefois le bénéfice de Division. Ulpien nous le dit des tuteurs qui ont administré en commun (1) ; Papinien des tuteurs qui, s'étant tous abstenus d'administrer la tutelle, sont coupables de la même négligence, et par conséquent responsables envers le pupille (2). On accorde même un bénéfice de discussion au tuteur qui n'a point pris part à l'administration dont les autres se sont chargés (3).

Les mêmes règles s'appliquent aux magistrats municipaux et on leur accorde aussi le bénéfice de discussion (4).

Nous avons même vu (5) que, l'on avait proposé d'étendre le bénéfice de division à tous les débiteurs solidaires (6), tandis qu'on ne voit nulle part qu'il ait jamais été question de l'accorder aux véritables rei promittendi.

Quand à l'action negotiorum gestorum, nous n'avons pas admis le système qui l'accorderait aux débiteurs solidaires et le refuserait aux débiteurs corréaux (7), établissant ainsi une nouvelle différence entre ces deux classes de débiteurs.

Au contraire, pour le bénéfice de cession d'actions, tandis que ce bénéfice peut être invoqué par le débiteur soit in jure, soit in judicio, soit même après la condamnation, le débiteur correus ne peut plus, après la litis contestatio,

(1) L. 1 § 11 et 12 de tutelæ et ration (XXVII. 3).
(2) L. 38 pr. et § 1 de admin. et peric. tut. (XXVI. 7).
(3) L. 39 § 1 de admin. et per. tut. (XXVI. 7).
(4) L. 45 de adm. et per. tut. (XXVI. 7). — L. 1 § 9 de magist. conven. (XXVII. 8).
(5) Ci-dessus, p. 50.
(6) L. 47 locati (XIX. 2).
(7) M. de Vangerow.

exiger que le créancier lui cède ses actions (1). En outre,
l'action utile subsidiaire fut accordée aux débiteurs tenus
in solidum bien avant de l'être aux débiteurs corréaux (2).
Enfin, quand il s'agit pour un débiteur simplement solidaire d'obtenir la cession des actions, on ne nous parle pas
d'exception *doli mali* ; au contraire, pour le reus promittendi, la cession des actions s'obtenait en menaçant le
créancier d'insérer dans la formule l'exception de dol.

Il y avait, on le voit, un grand intérêt à établir une distinction entre les deux classes d'obligation. Cependant,
Justinien supprima cette distinction en décidant que le
créancier qui n'aurait pas été complétement désintéressé
pourrait poursuivre successivement tous les débiteurs
corréaux jusqu'à parfait paiement.... *Idemque in duobus
reis promittendi constituimus, ex unius electione præjudi-
cium creditori adversus alium fieri non concedentes : sed
remanere et ipsi creditori actiones integras, et personales,
et hypothecarias, donec per omnia ei satisfiat.....*(3).

Cette supression d'une distinction qui avait eu tant d'in-
fluence sur les décisions des jurisconsultes est, sans doute,
cause en partie de la difficulté qu'on a à édifier une théorie qui permette de classer rigoureusement les deux sortes
d'obligations, de dire dans quel cas l'obligation était corréale, dans quel cas il y avait seulement solidarité. Plusieurs systèmes ont été proposés pour la solution de notre
question. Nous allons indiquer les deux principaux.

Le premier repose sur cette distinction : les codébiteurs
sont-ils tenus d'une *condictio* ou, au contraire, d'une

---

(1) Ci-dessus, p. 60.
(2) Ci-dessus, p. 61.
(3) L. 28 C. de fidej. et mandat. (VIII. 41).

action *bonæ fidei* ou *in factum ?* Dans le premier cas il y a corréalité, il n'y a que solidarité dans le second (1).

Il est vrai que, le plus souvent, les textes où on parle de corréalité ont trait à des contrats de droit strict, ceux où on parle de solidarité ont trait à des contrats de bonne foi (2). Il est vrai encore que l'effet rigoureux de la litis contestatio dans les obligations corréales, semble ne pouvoir s'appliquer qu'à une action *stricti juris*, où l'on ne tient pas compte de l'équité; tandis que, dans une action de bonne foi, on comprend parfaitement que le droit du créancier ne soit éteint que par le paiement. Mais on ne peut pas dire que, toutes les fois qu'il y aura condictio il y aura corréalité. En effet, dans le cas de plusieurs voleurs soumis à la *condictio furtiva*, un texte formel nous dit que l'action n'est éteinte que par le paiement : *si ab uno satisfactum fuerit* (3).

En outre, si l'on admettait que deux débiteurs principaux ne peuvent être tenus que in solidum par un contrat de bonne foi, on devrait dire à plus forte raison que, dans le cas où un fidéjusseur accède à une obligation de bonne foi, le créancier, après avoir poursuivi ce fidéjusseur, peut encore poursuivre le débiteur principal, et, cependant, les textes admettent que la poursuite dirigée contre le fidéjusseur a éteint l'action tout comme elle l'aurait éteinte, si les deux obligés avaient été des débiteurs corréaux (4).

(1) Demangeat. Des oblig. solid. en dr. romain, pages 184 et sq., 205 et sq.

(2) V. pour la corréalité : L. 2 de duob. reis. — L. 16 eod. tit. — L. 5 in fine de fidej. (XLVI. 1) ; — Pour la solidarité : L. 5, § 15 comm. (XIII. 6), — L. 1, § 43 depos. (XVI. 3), — L. 47, locat. cond. (XIX. 2), — L. 52, § 3 de fidej. (XLVI. 1).

(3) L. 1, C. de condict. furt. (IV. 8).

(4) L. 28, C. de fidej. (VIII. 41).

Enfin, lorsqu'un tiers a contracté avec un *institor*, la simple poursuite dirigée contre l'institor où le maître éteint toujours l'action, sans qu'on distingue si le contrat était de droit strict ou de bonne foi (1).

Ajoutons que, si l'on accorde aux pactes adjoints au mutuum la faculté de faire naître l'obligation corréale, on doit le décider à fortiori des pactes adjoints aux contrats de bonne foi, puisque ces contrats sont ceux dans lesquels l'effet des pactes adjoints fut le plus tôt admis. D'ailleurs, on reconnaît que la corréalité active peut naître d'un contrat de bonne foi (dépôt, vente, etc.); pourquoi en serait-il autrement de la corréalité passive ?

Ce n'est donc pas dans la distinction entre les actions de droit strict et les actions de bonne foi que nous devons chercher la solution de notre question.

D'autres auteurs ont proposé de résoudre la difficulté au moyen d'une analyse des faits. Dans le cas de corréalité il n'y a qu'une seule obligation. Cette obligation unique doit nécessairement naître d'une *cause unique*. Supposons une stipulation dans laquelle plusieurs promettants sont intervenus. Dans ce cas, il y aura unité d'obligation, parce qu'il n'y a qu'une seule source : la stipulation unique. Donc il y aura corréalité. Au contraire, dans la solidarité, nous avons distingué des obligations multiples. Cette pluralité d'obligations exige une *pluralité de causes*. Prenons le cas de codélinquants, on peut dire qu'il y a autant de délits qu'il y a de codélinquants. Il y a plusieurs causes, donc nous sommes dans un cas de solidarité.

---

(1) L. 1 § 24, de exercit. act. (XIV. 1). On a encore opposé à ce premier système la L. 9, pr. de duob. reis., qui met sur la même ligne la stipulation et les contrats de bonne foi. A notre avis, la confusion qui se trouve dans le texte, entre les deux classes d'obligations, empêche de fonder sur cette loi aucun raisonnement.

Théoriquement, cette explication est exacte, puisqu'elle se résume en une recherche approfondie de la nature de chaque fait, donnant naissance à l'obligation. Si c'était la doctrine véritable, on comprendrait pourquoi nous ne possédons pas, sur le sujet que nous traitons, une théorie générale énoncée par les jurisconsultes romains. Mais, tout en reconnaissant ce que ce système a de logique, nous croyons qu'il recule la difficulté sans la trancher. Dans les cas extrêmes que nous avons cités, il n'y a de doute pour personne, et nous admettons cette explication ; mais, en prenant des hypothèses délicates, nous aurons autant de peine à savoir s'il y a *unité de cause* qu'à savoir s'il y a *unité d'obligation*. Supposons un *dépôt* fait par plusieurs : Une seule chose est due ; mais n'y a-t-il qu'une seule cause d'obligation ? C'est ce que nous ne pouvons dire.

A notre avis, on doit admettre que les Romains n'avaient pas de théorie d'ensemble à ce sujet ; mais on peut remarquer que les effets rigoureux de la corréalité ne sont jamais écartés quand il s'agit d'obligations naissant d'un contrat de droit strict. Nous pensons donc que, dans le cas où la convention ne s'expliquait pas, l'idée des jurisconsultes romains, sur les effets du contrat de droit strict, les entraînait à décider de préférence qu'il y avait corréalité. Au contraire, l'équité devant régir les contrats de bonne foi, les jurisconsultes étaient amenés à supprimer les effets rigoureux de la corréalité, et à se prononcer en faveur de l'obligation in solidum. En cela, nous nous rapprochons du premier système, mais, nous en différons en ce point qu'au lieu d'une *règle absolue*, nous n'établissons qu'une *présomption*. En résumé, nous croyons que la question peut se résoudre par les trois propositions suivantes :

1° En cas de clause expresse de corréalité ou de solidarité, on suit la volonté des parties.

2° A défaut de clause expresse, on recherche, au moyen d'une analyse, s'il y a ou non plusieurs causes d'obligation. Au premier cas, il y aura solidarité et corréalité au second.

3° Si la convention est muette et si l'analyse rigoureuse a laissé des doutes, on admettra les *présomptions suivantes :* dans les contrats de droit strict, il y a plutôt corréalité. La solidarité, au contraire, est supposée dans les contrats de bonne foi.

II. *Distinction de la corréalité d'avec l'indivisibilité.* — Dans une obligation indivisible contractée entre plusieurs créanciers ou par plusieurs débiteurs, chacun des créanciers peut agir pour le tout et chacun des débiteurs peut être poursuivi pour le tout, mais le droit s'éteint à l'égard de tous par une seule poursuite ou par un seul paiement. En cela, l'indivisibilité se rapproche de la corréalité; mais ces deux genres d'obligations sont parfaitement différentes par leur origine et leurs effets.

Ce qui donne naissance à la corréalité, c'est la volonté des parties, tandis que l'indivisibilité tient à la nature de l'objet dû. Ce principe théorique rend bien facile la distinction entre l'une et l'autre obligation : nous nous contenterons donc d'énumérer rapidement les principales différences pratiques qui en découlent :

1° La corréalité ne peut avoir lieu lorsqu'il n'y a tout à la fois qu'un seul créancier et un seul débiteur; au contraire, l'indivisibilité se conçoit parfaitement dans ce cas ;

2° Tandis que la corréalité n'empêche pas une division volontaire des poursuites, l'indivisibilité force à demander le tout ou à ne rien demander. En outre, s'il y a plusieurs créanciers d'une obligation indivisible, celui qui agit n'obtient condamnation que pour sa part; au contraire, quand un correus stipulandi intente la poursuite pour le tout, il obtient condamnation pour le tout ;

3° Une obligation peut être solidaire du côté actif seulement ou du côté passif seulement. Au contraire, une obligation indivisible au point de vue actif, l'est nécessairement au point de vue passif, et réciproquement (1);

4° Lorsque le créancier ou le débiteur corréal vient à mourir, la créance ou la dette se divise parfaitement entre ses héritiers ; au contraire, c'est au moment de la mort du créancier ou du débiteur originaire que le caractère indivisible de la créance ou de la dette produit les effets les plus importants ;

5° Enfin, nous avons vu établie, en matière de corréalité, cette présomption que le créancier qui a touché ou le débiteur qui a payé la totalité était le seul intéressé à la dette, et que, par conséquent, il ne devait pas y avoir de recours en principe (2). Au contraire, en matière d'indivisibilité, le partage des charges ou des bénéfices est la règle, car, si l'un des créanciers ou des débiteurs a touché ou payé le tout, ce n'est que par suite de la nature de l'objet, et non parce qu'on lui a abandonné tous les bénéfices ou qu'il a pris sur lui toutes les charges.

---

(1) On a invoqué en sens contraire la L. 85, § 4 et 5, de Verb. oblig. (XLVI, 1) mais, dans le § 4, ce qui est indivisible, ce n'est pas l'obligation, c'est seulement le choix à faire par les héritiers du débiteur de l'objet in genere qu'ils doivent livrer. Dans le § 5, il s'agit, en effet, d'une oblig. indivisible (l'oblig. de garantie), mais cette oblig. se transforme, par le *défaut* d'un seul des coobligés, en une simple oblig. de somme d'argent (stipul. duplæ), qui est parfaitement divisible. Ce n'est donc pas la même obligation qui est indivisible au point de vue actif et divisible au point de vue passif.

(2) Ci-dessus, p. 49 et sq.

DROIT FRANÇAIS

SOLIDARITÉ ENTRE CRÉANCIERS.

Définition et intérêt de la solidarité entre créanciers.

— L'obligation est solidaire entre plusieurs créanciers, lorsque le titre donne expressément à chacun d'eux le droit de demander le paiement du total de la créance, et que le paiement fait à l'un d'eux libère le débiteur, encore que le bénéfice de l'obligation soit partageable et divisible entre les divers créanciers (Art. 1197).

La première partie de notre article est conforme à la définition romaine de la créance solidaire, mais la seconde partie implique une différence complète entre la manière dont les jurisconsultes romains et les rédacteurs du Code ont envisagé cette créance.

En effet, tandis que les premiers traitaient chaque créancier, comme s'il avait été créancier unique, sauf dans le cas, où il y avait entre les rei stipulandi une convention expresse de société, cette société est toujours présumée en droit français. C'est à son existence que fait allusion la fin de l'article 1197 ; et l'art. 1198 in fine, en ne permettant à chaque créancier de faire remise de la dette que pour sa part, montre bien que chacun n'a droit au bénéfice de l'obligation que pour cette part, et par conséquent n'a, pour l'excédant, qu'un simple *mandat*, à l'effet de recevoir le paiement de ce qui est dû aux autres. (V. égt. art. 1365, al. 2).

La solidarité active établit donc entre les divers créanciers des rapports de mandant à mandataire. Le tribun Mouricault le disait expressément : « La solidarité ne s'établit que pour créer un mandat entre les parties. » Mais ce mandat a un caractère spécial : il est *irrévocable*. Tant que le paiement n'a pas été effectué, rien ne peut l'éteindre pas même la mort de l'un des cocréanciers (V. art. 2003). (1).

Sources de la solidarité entre les créanciers. — On comprend combien sera rare chez les intéressés cette confiance absolue non-seulement des uns envers les autres, mais encore envers leurs héritiers respectifs ; d'autant plus que si l'un deux meurt laissant plusieurs héritiers, ils se trouvent obligés de diviser leur recours contre chacun de ces héritiers. Aussi la loi prend-elle soin de nous dire que le titre qui établit la solidarité doit être *exprès*.

Ce titre peut être soit une *convention* soit un acte de *dernière volonté*. Ainsi Pothier cite le cas où un legs serait fait de la manière suivante : *Mon héritier donnera aux Carmes ou aux Jacobins une somme de cent livres.* Il faudrait du reste

____

(1) On peut admettre encore que la solidarité active ait lieu en faveur du débiteur, qui craindrait d'être exposé à des poursuites multipliées et préférerait être traité comme s'il avait un créancier unique.

dans ce cas que le testateur exprimât l'intention de créer des *créanciers solidaires* et non pas des *légataires condi-tionnels*. Toutefois, soit dans la convention, soit dans le testament, les expressions *solidairement* et *solidarité* ne sont pas sacramentelles.

Remarquons que le législateur n'a pas établi des cas de *solidarité légale* entre créanciers comme il en a établi entre débiteurs (art. 1197 cbn. 1202).

Effets de la solidarité entre créanciers. — Nous avons vu que la solidarité établit un mandat entre les créanciers. Il nous reste à chercher quelle est au juste l'étendue de ce mandat. A ce sujet, le Code ne nous donne que peu d'in-dications. Nous allons parcourir rapidement les décisions qu'il fournit, et nous tâcherons d'en déduire la règle appli-cable aux cas qu'il n'a pas prévus.

1° Chaque créancier solidaire a le droit de demander la totalité de la créance (Art. 1197). Nous en concluons que le débiteur ne peut lui opposer l'exception de division.

2° Dès que l'un des créanciers a commencé les pour-suites, le paiement ne peut plus être fait entre les mains des autres (art. 1198). Cette préférence accordée au créan-cier diligent, lui évite de recourir inutilement contre son cocréancier qui, après avoir reçu le paiement, serait de-venu insolvable.

3° Tout acte qui interrompt la prescription à l'égard de l'un des créanciers solidaires profite aux autres créanciers (art. 1199).

4° Chacun des créanciers ne peut faire remise que pour sa part (art. 1198 al. 2 .

5° Le serment déféré par l'un des créanciers solidaires au débiteur ne libère celui-ci que pour la part de ce créan-cier (art. 1365 al. 2).

6° Le bénéfice de la créance doit se partager entre les créanciers (art. 1197).

Ainsi le mandat que les créanciers se donnent les uns aux autres est celui de *conserver la créance* et d'en *recevoir le paiement.*

De ce principe, nous tirerons les conséquences suivantes :

La demande d'intérêts formée par l'un des créanciers solidaires fait courir les intérêts au profit des autres. Nous trouvons un argument d'analogie dans l'art. 1207. En outre, c'est une conséquence du principe général sur les intérêts. On les doit du jour de la demande (art. 1153), donc la créance, telle qu'elle est demandée, c'est-à-dire par un des créanciers au nom de tous les autres, produira, au profit de ceux-ci, intérêt à partir de ce jour.

La suspension de prescription en faveur de l'un des créanciers mineur ou interdit ne peut être invoquée par les autres. En effet, on ne donne pas à son cocréancier mandat de conserver la créance *par sa minorité,* ce serait absurde. Si la suspension de prescription peut être invoquée par les cocréanciers d'un mineur en matière d'obligations indivisibles, cela tient à la nature de ces obligations, qui ne peuvent être conservées pour partie.

On fait, il est vrai, remarquer que le créancier mineur peut réclamer le paiement de la créance, paiement qui, dit-on, doit profiter à ses cocréanciers. Mais cela est faux : Par suite de la prescription accomplie contre eux, les cocréanciers n'ont plus de part ; leur droit est éteint d'une manière absolue, aussi bien pour le recours qu'ils ont à exercer contre le mineur que pour les poursuites à diriger contre le débiteur.

. Enfin, on prétend que tous les créanciers sont réputés n'être *qu'un seul créancier d'une seule dette,* d'où l'on conclut que la dette *unique,* conservée à l'égard d'un seul, même par une exception personnelle, est conservée à l'égard des autres. Mais nous avons déjà vu (p. 73), que ce principe, vrai en droit romain, a été rejeté par les auteurs du Code. Chez nous, chaque créancier, pour ce qui excède sa part, n'est que mandataire des autres.

Chacun des créanciers ne peut faire novation que pour sa part. Celui qui nove doit avoir le droit de disposer de la créance que la novation éteint. Les cocréanciers peuvent, il est vrai, se donner mandat de disposer de la créance, mais ce mandat doit être exprès ; celui qui résulte de la solidarité ne leur donne que le droit de conserver la créance et d'en recevoir le paiement. Les mêmes motifs doivent conduire à décider que la transaction ou le compromis, faits par un seul des créanciers, ne peuvent être opposés aux autres.

Le jugement obtenu par le débiteur contre un des créanciers solidaires ne peut nuire aux autres. On objecte que la loi permet à chaque créancier de demander le paiement, ce qui semble impliquer le droit de poursuivre le débiteur en justice ; mais il ne faut pas assimiler complétement ces deux actes. Le premier n'est qu'un acte d'administration, le second un acte de disposition, et un mandataire ne peut faire des actes de disposition.

Nous venons de voir que la novation, la transaction, le compromis faits par un seul créancier, et le jugement obtenu contre lui, ne peuvent nuire aux autres ; mais ceux-ci ne peuvent-ils point invoquer ces mêmes actes lorsqu'ils leur sont favorables ?

Certains auteurs leur accordent ce droit, en décidant que les créanciers solidaires se donnent mandat de faire tout ce qui est avantageux. Cette idée n'est pas exacte ; en effet, comme nous l'avons vu, le Code, parmi les actes qu'il permet à chacun des créanciers, ne cite que des actes *con-*

servatoires, et non pas des actes qui, tout en améliorant la créance, la dénatureraient. D'ailleurs, comment admettre que la validité des actes d'un mandataire dépende du plus ou moins d'opportunité de ces actes, comment admettre que le tiers qui traite avec un des créanciers solidaires doive toujours se voir opposer le contrat par les autres lorsqu'il lui est défavorable, sans pouvoir jamais invoquer contre eux les chances heureuses de ce contrat ? Ou les cocréanciers ont mandat de faire novation, de transiger, de compromettre, ou ils n'ont pas ce mandat, et, s'ils ne l'ont pas, la convention que fait chacun d'eux est res inter alios acta, soumise par conséquent à l'art. 1165.

Lorsqu'un des créanciers solidaires est devenu débiteur du débiteur commun, (avant que ce débiteur ait été poursuivi par aucun autre des créanciers), la compensation est opposable aux autres créanciers. En effet, la compensation n'est autre chose qu'un paiement abrégé et fictif. Or, le débiteur peut payer à celui des créanciers qu'il veut choisir, et ce créancier ne peut refuser de recevoir en paiement la libération de ce qu'il doit lui-même. D'ailleurs, s'il est vrai que le mandant n'est pas tenu de subir la compensation de ce que son mandataire doit au débiteur, la compensation opérée du chef du mandant est opposable au mandataire, et chaque créancier n'est pas seulement mandataire, il est aussi mandant par rapport aux autres.

Quelques auteurs s'appuient sur l'art. 1294, 3° pour refuser à la compensation l'effet que nous lui attribuons, mais nous verrons que cet article a un caractère exceptionnel qui ne permet pas de l'étendre par analogie.

La confusion qui s'opère entre la personne d'un des créanciers solidaires et celle du débiteur commun, n'éteint l'obligation solidaire que pour la part de ce créancier.

Supposons que je doive une somme de 12,000 fr. à Primus, Secundus et Tertius, créanciers solidaires, et que je devienne héritier de l'un d'eux, la créance n'est éteinte que pour un tiers. Il en résulte que, pour les 8,000 fr. qui restent, chacun des héritiers peut encore me poursuivre in solidum, et que les sûretés accessoires, hypothèques ou autres, qui garantissent la créance solidaire subsistent toujours.

On invoque contre notre décision l'idée suivante : « le débiteur a le droit de choisir celui à qui il fait le paiement, et c'est pour cela qu'il est censé se payer à lui-même. » Que le débiteur devenu héritier d'un des créanciers solidaires, doive être présumé se payer à lui-même sa part dans la créance, cela est évident ; mais pourquoi le présumer se payant à lui-même la part des autres? Hors de sa part il n'est que mandataire. D'ailleurs la confusion n'éteint pas réellement la dette : elle met seulement le créancier dans l'impossibilité d'agir. Il ne peut se poursuivre lui-même, mais, rien n'empêche qu'il reste débiteur à l'égard des autres créanciers, et, par conséquent, que ceux-ci aient le droit d'agir. Il n'est pas devenu créancier du total de la dette.

Si l'un des créanciers vient à mourir, ses héritiers ne sont pas créanciers solidaires entre eux, ils le sont seulement, et pour leur part, avec les cocréanciers du défunt. Il en résulte que l'acte par lequel la prescription aurait été interrompue au profit de l'un de ces héritiers, ne l'interromprait pas au profit des autres héritiers, et ne l'interromprait en faveur des autres créanciers, que pour la part de cet héritier dans la totalité de la créance, (arg. art. 2249).

SOLIDARITÉ DE LA PART DES DÉBITEURS

I. — NATURE ET ÉTABLISSEMENT DE LA SOLIDARITÉ ENTRE LES DÉBITEURS.

Il y a solidarité de la part des débiteurs, lorsqu'ils sont obligés à une même chose, de manière que chacun puisse être contraint pour la totalité, et que le paiement fait par un seul, libère les autres envers le créancier (art. 1200).

Notre article contient une inexactitude. Une obligation n'est pas solidaire, par cela seul que chaque débiteur peut être contraint au paiement de la totalité. Cette nécessité d'un paiement intégral a lieu également pour les obligations indivisibles. Aussi Pothier ajoutait-il à la première partie de sa définition, qui a été reproduite par le code : « Il faut que chacun des débiteurs *totum et totaliter debeat*, c'est-à-dire qu'il faut que chacun se soit obligé aussi totalement à la prestation de la chose que s'il eût seul contracté l'obligation. » (Oblig. 262).

On pourrait être tenté de voir dans la solidarité un *cautionnement mutuel*, chaque codébiteur étant débiteur principal pour sa part, et, pour les parts des autres, simple caution. Cette idée est inexacte. Il n'y a dans la solidarité qu'une seule obligation, et, elle est principale pour tous. Cette obligation étant principale pour chacun, l'existence d'un terme ou d'une condition peut modifier l'obligation en faveur de certains débiteurs seulement, tandis qu'une caution ne peut jamais être tenue plus rigoureusement que le débiteur principal. (Art. 1201 et 2013 cbn.). Nous aurons l'occasion de voir plusieurs autres différences dans le cours de notre travail.

Le principal caractère de la solidarité est l'unité de l'objet de l'obligation (art. 1200). Mais, au point de vue des personnes qui y sont soumises, il y a autant de liens que d'obligés. C'est ce qui explique la décision de l'art. 1201 que nous avons rappelée ci-dessus.

Comme conséquence du même principe, il faudrait admettre qu'il y a obligation solidaire, même dans le cas où l'un des débiteurs a promis de payer dans un lieu, et l'autre dans un lieu différent ; même lorsque l'un des débiteurs étant mineur son obligation est annulable, tandis que l'autre débiteur est majeur, et, par conséquent, non susceptible de restitution.

La solidarité entre débiteurs, comme la solidarité entre créanciers, établit un mandat entre les divers intéressés ; on comprend donc qu'elle ne puisse être établie que par une volonté exprimée. Elle peut d'ailleurs naître d'une convention ou d'un testament. La loi peut aussi établir la solidarité.

Le Code ne parle que de la solidarité *stipulée,* mais un testateur peut imposer à ses héritiers une obligation solidaire envers un légataire, car c'est là une charge qui n'a rien d'illicite.

L'unité d'objet n'empêchant pas la pluralité des liens des débiteurs solidaires, on comprend qu'il ne sera pas nécessaire que les débiteurs s'obligent par *le même acte.* Mais, la solidarité devant établir un mandat entre eux, il faudra que chacun des intéressés consente à la naissance de cette solidarité. Supposons, par exemple, Primus et Secundus débiteurs solidaires, une autre personne, Tertius, s'engageant par un acte séparé solidairement avec Secundus : Tertius ne sera pas codébiteur solidaire de Primus sans l'assentiment de celui-ci, car on ne peut devenir mandataire d'une personne sans son consentement.

Comme nous l'avons vu, la stipulation de solidarité passive doit être expresse, mais, pas plus qu'en matière de solidarité active, il n'y a de termes sacramentels pour l'établir. Une expression équivalente suffira, mais il faudra qu'elle soit réellement équivalente, c'est-à-dire qu'elle implique nécessairement l'idée de solidarité. Ainsi il n'y a pas solidarité dans le cas où des copropriétaires par indivis d'une maison traitent ensemble avec des ouvriers pour les réparations à faire à cette maison. (Cassat., 23 juin 1851). Au contraire, la Cour de Grenoble a prononcé avec raison qu'il y avait solidarité dans le cas de deux fermiers s'engageant conjointement, *avec renonciation aux bénéfices de division et de discussion*. (Grenoble, 20 janvier 1830, arg., art. 1203).

La solidarité peut aussi être *légale* (art. 1202.) Nous trouvons cette solidarité légale établie dans les cas suivants :

1° *En matière civile :*

Entre la mère tutrice remariée et son mari, pour les suites de la tutelle indûment conservée. (C. c., 395) ;

Entre la mère tutrice et son second mari cotuteur. (C. c., 396) ;

Entre plusieurs exécuteurs testamentaires. (C. c., 1033) ;

Entre le père d'enfants mineurs qui n'a pas fait inventaire à la dissolution de la communauté et le subrogé-tuteur qui ne l'a pas obligé à faire inventaire. (C. c., 1442) ;

Entre les colocataires d'un immeuble qui a péri par incendie. (C. c., 1734);

Entre personnes qui ont emprunté à usage la même chose. (C. c., 1887);

Entre comandants envers le mandataire (C. c., 2002);

2° *En matière commerciale :*

Entre les associés en nom collectif indiqués dans l'acte de société. (Co., 22);

Entre le tireur et les endosseurs d'une lettre de change. (Co., 118) et 140;

Entre les endosseurs d'un billet à ordre. (Co., 187);

3° *En matière pénale :*

Entre les individus condamnés pour un même crime ou pour un même délit. (P., 55).

Celui en faveur de qui la solidarité légale est établie peut y renoncer toutes les fois qu'elle n'est pas d'ordre public (art. 6.) La solidarité, en matière pénale, est évidemment d'ordre public. Il faut en dire autant de la solidarité en matière commerciale, sauf pour le donneur d'aval. (Co, 142, et arg' a contrario de cet article). En matière civile, la solidarité tantôt concerne des intérêts purement privés (art. 1887 et 2002), et, alors, on peut y renoncer; tantôt elle est établie à titre de peine (art 395, 1442, 1734) ou dans l'intérêt d'un mineur (art. 396), et, alors, elle est d'ordre public.

Le testateur peut-il dispenser de la solidarité les exécuteurs testamentaires? La négative nous semble préférable. En effet, ces exécuteurs ont des pouvoirs très-étendus, quelquefois même la saisine des meubles (art. 1026), et le droit des légataires deviendrait illusoire lorsque, l'un des exécuteurs ayant seul agi, celui-ci se trouverait insolvable. Il y a, d'alleurs, un moyen bien simple pour le tes-

tateur, tout en donnant une sécurité suffisante aux légataires, d'éviter aux exécuteurs une responsabilité trop
lourde, c'est de diviser leurs fonctions ; alors, si chacun
s'est renfermé dans celle qui lui est attribuée, il ne sera
tenu que pour sa part; sinon, tous sont en faute, et la solidarité prononcée contre eux est une sorte de peine à laquelle le testateur ne doit pas pouvoir les soustraire.

Nous avons vu la solidarité établie par la loi dans des
hypothèses de nature bien distincte ; a-t-elle toujors les
mêmes caractères, et faut-il, dans tous les cas lui attribuer
les mêmes effets ; faut-il, au point de vue de ces effets,
assimiler la solidarité légale à la solidarité conventionnelle,
en d'autres termes, y a-t-il deux sortes de solidarité : l'une
parfaite et l'autre *imparfaite ?*

Cette distinction a été faite par certains auteurs, suivant
lesquels la solidarité imparfaite donne seulement le droit
de *poursuivre pour le tout* chacun des débiteurs, mais sans
qu'ils se représentent les uns les autres, de telle sorte que
la poursuite dirigée contre l'un des débiteurs n'interrompe
pas la prescription contre les autres, que la perte de la chose
par la faute ou pendant la demeure de l'un libère ses codébiteurs et que la demande d'intérêt formée contre l'un des
débiteurs solidaires ne fasse courir les intérêts que contre
celui-là, (art. 1205, 1206, 1207). De même, dans le cas de
solidarité imparfaite, le serment prêté par l'un des codébiteurs ou la remise qui lui a été faite ne libèrent les autres
obligés que dans la proportion du recours qu'ils auraient à
exercer contre lui. (Art. 1365 et 1285).

« *Lorsque la solidarité existe,* nous dit Mourlon (1),
entre plusieurs personnes qui se sont réunies, associées,

____

(1) Répétit. écrites. 2ᵉ vol. n° 1259.

pour s'obliger ensemble, ou plus généralement qui se sont choisies, la solidarité est parfaite. Les codébiteurs se connaissent tous, et, comme ils ont entre eux des rapports journaliers d'affaires, il est naturel de supposer qu'en acceptant la clause de solidarité, ils ont consenti à ne faire à l'égard du créancier qu'une seule et même personne représentée par chacun d'eux.... Ainsi la solidarité est toujours parfaite quand elle est conventionnelle. »

« Que si elle est légale, elle est parfaite encore lorsqu'elle existe entre plusieurs personnes unies par un intérêt commun, qui ont entre elles des rapports fréquents, qui se connaissent. »

« Elle est imparfaite, au contraire, lorsque la loi l'établit entre personnes qui ne se connaissent point, qui ne sont qu'accidentellement codébiteurs, qui n'ont entre elles que des rapports fort rares. »

Ainsi il faudrait faire une première distinction entre la solidarité *conventionnelle* et la solidarité *légale*. Où trouve-t-on les éléments de cette distinction ? L'art. 1202, qui décide comment s'établit la solidarité soit légale soit conventionnelle, n'indique aucune différence entre ces deux espèces de solidarités au point de vue de leurs effets ; cette différence n'est point mentionnée non plus dans les articles suivants qui traitent de ces effets. Une seule disposition, l'art. 1203, parle de solidarité *contractée*, et il n'est pas douteux que cet article s'applique même à la solidarité légale. Si l'on applique sans hésitation à tous les cas de solidarité légale la disposition de l'art. 1203 qui suppose une obligation conventionnelle, il faut être conséquent et appliquer aussi à tous les cas quelconques de solidarité les art. 1205, 1206 et 1207, qui traitent de la solidarité en général sans indiquer qu'il s'agisse d'une obligation *contractée*.

On prétend que la *vraie* solidarité ne peut exister qu'entre personnes qui se connaissent et ont entre elles des rapports fréquents ; mais quelle disposition nous apprendra à distinguer ? Où s'arrêtera la rareté, où commencera la fréquence ?

Mourlon cite comme cas de solidarité imparfaite celle qui existe entre les *différents locataires d'une maison incendiée* (art. 1734), *entre personnes condamnées pour un même crime ou un même délit* (C. P. 55). Les locataires ne sont point, dit-il « *représentants les uns des autres : un tel mandat ne saurait se supposer entre personnes qui peut-être ne se sont jamais vues, qui peut-être ne se verront jamais.* »

Ces locataires sont-ils si réellement étrangers les uns aux autres ? Ne peut-on pas dire « *qu'ils ont accepté une sorte d'association fondée sur l'art. 1734, quand ils ont consenti à prendre à bail ane partie seulement de l'édifice, et qu'à partir du moment où l'incendie a créé leur responsabilité collective, ils ont été bien et dûment avertis par la loi de ne pas se perdre de vue et de conserver, les uns avec les autres, des relations devenues nécessaires ?* » (1).

Quand aux codélinquants, ils se sont bien certainement associés. On dit il est vrai : « Nulla societas est maleficiorum. » Mais cette maxime, inspirée par la pensée de châtier les coupables, peut-elle être invoquée par eux au détriment de la victime ?

Enfin, si l'on reconnaît au législateur le droit de présumer que les codébiteurs se sont engagés solidairement, quoiqu'ils n'aient manifesté aucune volonté, pourquoi ne

______

(1) Colmet de Santerre. Cours analyt. de Code civil. V° vol., 135 bis, II.

pourrait-il pas présumer également qu'ils soient associés et mandataires ?

MM. Aubry et Rau (1) maintiennent la distinction entre la solidarité conventionnelle et la solidarité légale. La solidarité conventionnelle est parfaite. Mais, disent-ils, dans certains cas « *la solidarité est plutôt conventionnelle que légale.* » *Telles sont, par exemple, les dispositions qui établissent la solidarité entre plusieurs commodataires conjoints et entre les co-mandats.* » Ils vont plus loin : « *La solidarité prononcée par les art.* 396 *et* 1033 *contre le mari cotuteur et la mère tutrice, et contre les exécuteurs testamentaires qui ont reçu en commun la saisine du mobilier héréditaire, produit également tous les effets qui viennent d'être indiqués* (ceux de la solidarité parfaite), *parce qu'elle se rattache à une obligation préexistante résultant de l'acceptation ou de la délation de fonctions indivisément confiées à ces personnes.*

Ainsi, voilà ces dispositions assimilées à une solidarité conventionnelle ! Or, qu'y a-t-il de plus contraire à une convention que ces règles prononcées, les auteurs le disent eux-mêmes, *contre* le mari cotuteur et la mère tutrice, et *contre* les exécuteurs testamentaires ?

D'un autre côté, ils ne voient qu'une solidarité imparfaite dans les cas où « *dans des vues d'ordre public, et pour la garantie de certains intérêts,* » la loi soumet plusieurs personnes à la responsabilité solidaire des suites d'un fait dommageable. Est-il rien de plus vague que ces termes, rien qui puisse moins nous fournir le moyen de justifier la distinction qu'on veut établir ? Devrons-nous donc admettre que la solidarité établie contre le mari cotuteur et contre les exécuteurs testamentaires n'est point

_____

(1) Cours de droit civil français, IV, 298 ter.

établie pour la *garantie de certains intérêts ?* N'est-elle pas *d'ordre public,* et, par conséquent, peuvent-ils s'y soustraire ?

Les auteurs que nous combattons invoquent la distinction, admise en droit romain, entre les obligationes *corréales* et les obligationes *in solidum.* Nous voilà donc arrêtés de nouveau par la difficulté que nous avons reconnue en droit romain (1), de distinguer les deux classes d'obligations, et cela devant des textes précis où il n'y a qu'un seul mot, celui de solidarité, sans aucune disposition qui permette de lui attribuer deux sens distincts.

En outre, quelle peut être ici l'autorité du droit romain ? Les rédacteurs du Code ne connaissaient pas les travaux qui ont établi la coexistence de deux obligations solidaires distinctes (2). Le plus souvent, et surtout dans la matière des obligations, ils suivent pas à pas Pothier. Or, voici ce que nous dit Pothier (3) :

La solidité peut être stipulée dans tous les contrats.... Il y a néanmoins certains cas dans lesquels la solidité entre plusieurs débiteurs d'une même chose a lieu, quoiqu'elle n'ait pas été stipulée. Le premier cas est lorsque des associés de com-

(1) Ci-dessus, p. 64 et suiv.

(2) « Jusqu'à ces derniers temps, on admettait que, dans tous les cas qui viennent d'être énumérés, il n'y a qu'une seule obligation avec plusieurs sujets. Bien que nous trouvions déjà dans des auteurs anciens, comme Cujas, Doneau et Antoine Favre, un pressentiment de l'idée que cette définition générale ne convient pas à tous les cas ; cependant, ce n'est que par les développements judicieux de Keller, et surtout de Ribbentrop, que cela a été mis dans son jour et présenté d'une manière complète. »

(M. de Vangerow, cité par Demangeat, *Des oblig. solid.* en d. romain, p. 182).

(3) Traité des oblig. nᵒˢ 265, 266, 267, 268.

merce contractent quelque obligation pour le fait de leur com-
merce...

Le second cas est celui de l'obligation que contractent plu-
sieurs tuteurs qui se chargent d'une même tutelle...

Le troisième cas d'obligation solidaire est à l'égard de ceux
qui ont concouru à un délit...

Nous retrouvons bien la distinction entre la solidarité légale et la solidarité conventionnelle, mais où voit-on qu'il soit, qu'on puisse même soupçonner une solidarité imparfaite ? (1).

Concluons donc. Lorsque la loi déclare une obligation solidaire, elle entend lui appliquer tous les effets indiqués pour la solidarité conventionnelle, sauf les règles spéciales qu'elle établit formellement.

Nous déciderons donc qu'il y a vraiment solidarité et non pas seulement obligation in solidum entre le tireur et les endosseurs d'une lettre de change, et entre les endosseurs d'un billet à ordre (co. 118, 140, 187). Aussi le protêt régulièrement dressé, fait-il courir les intérêts à l'égard de toutes ces personnes. La loi établit seulement (dans l'art. 168 Co.) certains délais à l'expiration desquels le

(1) Chose singulière, MM. Aubry et Rau, qui admettent que le mot solidarité, *prononcé par la loi,* a deux sens différents, décident que la condamnation solidaire, prononcée par *un jugement,* produit tous les effets de la véritable solidarité, et s'appuient, pour cette décision, sur le motif suivant : « Aucun texte de loi ne permet de supposer que le législateur ait voulu établir, du moins en général, des différences quelconques entre les effets d'un engagement contracté d'une manière solidaire, et ceux d'une condamnation prononcée solidairement. » Existe-t-il donc un texte qui permette d'établir deux sortes de solidarité légales ? Et si la loi n'a prononcé qu'une condamnation in solidum, un jugement *purement déclaratif,* comme il l'est dans notre droit, peut-il compléter cette solidarité imparfaite pour en faire une solidarité parfaite ?

droit est perdu et certaines conditions de notification, mais ces règles spéciales ne modifient pas la nature du droit lui-même.

De même, il faut appliquer les règles de la solidarité dans le cas de l'art. 22 Co. ; en remarquant toutefois dans ce cas deux exceptions aux règles ordinaires : d'abord en ce que, tant que la société existe, c'est *elle* qui doit être poursuivie en paiement ; 2° en ce que, après la dissolution de la société, l'interruption de la prescription de cinq ans, admise en faveur des associés en nom collectif non liqui-dateurs, n'a lieu qu'autant que cette prescription a été in-terrompue à leur égard, par un acte de poursuite judiciaire (Co. 64).

S'il faut admettre qu'il y a vraie solidarité dans tous les cas indiqués par le législateur, à l'inverse, il faut se tenir strictement dans les limites qu'il a tracées. Aussi n'admet-trons-nous pas qu'il y ait vraie solidarité au cas où plusieurs personnes ont commis, de concert, un délit *de droit civil*, ou ont accompli ensemble plusieurs actes dommageables, non accompagnés de l'intention de nuire, plusieurs quasi délits. On a prétendu le contraire en s'appuyant sur les termes de l'art. 1202 : « Il faut que la solidarité soit *expres-sément* stipulée. Cette règle ne cesse que dans les cas où la solidarité a lieu de plein droit en vertu d'une disposition de la loi. A notre avis, ces termes ne sont que le dévelop-pement de la première partie de l'article : « *la solidarité ne se présume point.* » Ce qui *cesse* pour employer les ex-pressions de la loi, ce n'est pas la nécessité de termes *exprès*, c'est la nécessité d'une *stipulation*. Le législateur a voulu dire : il n'y a solidarité que *lorsque la convention ou la loi l'établissent*. Nous ne reconnaîtrons donc qu'une obligation *in solidum* dans les cas de délits de droit civil ou de quasi délits accomplis en commun, obligation fondée sur les art. 1382 et 1383. Si la jurisprudence a raison dans ce cas de condamner au tout les auteurs du dommage, c'est que ce dommage doit être réparé en entier, sans que celui qui en souffre ait à supporter l'insolvabilité d'un d'entre eux. Mais la condamnation in solidum est le seul point que ces obligations aient de commun avec l'obligation solidaire (1).

(1) La jurisprudence a fait à ce sujet une confusion regrettable. Elle fait même souvent une autre confusion avec l'indivisibilité : « Attendu que le dommage dont la réparation était ordonné, avait été causé par deux personnes, sans que l'on pût déterminer la part que chacune avait prise dans ce fait, que cette réparation constituant un objet *indivisible*, le tribunal a pu condamner *solidairement* les demandeurs en cassation au paiement des dommages et intérêts... » (Cassat. 8 nov. 1834).

Il est évident qu'il n'y a pas plus *indivisibilité* que solidarité, puisqu'il s'agit de dommages et d'intérêts, c'est-à-dire d'une somme d'argent.

II. — Droits du créancier. Effets de ses poursuites.

*Le créancier d'une obligation contractée solidairement
peut s'adresser à celui des débiteurs qu'il veut choisir, sans
que celui-ci puisse lui opposer le bénéfice de division*
(art. 1203).

Ces règles sont la conséquence du principe établi dans
l'art. 1200 : chaque débiteur peut être contraint pour la
totalité.

La loi, à l'exemple de Pothier (oblig. 270), refuse au débiteur poursuivi, le bénéfice de division. C'est afin d'éviter
l'assimilation qu'on aurait pu être tenté de faire avec la
caution (art. 2035 et 2036), assimilation que nous avons
repoussée déjà (1).

Quand la loi nous dit que le créancier peut poursuivre
l'un quelconque des débiteurs, elle suppose que la dette est
exigible pour tous, car, si l'un n'est débiteur que sous condition ou à terme, le créancier ne peut s'adresser à lui
qu'après l'accomplissement de la condition ou l'échéance
du terme (art. 1201).

Si la loi refuse au codébiteur solidaire poursuivi le droit
d'opposer le bénéfice de division, il n'en faut pas conclure
que ce codébiteur ne puisse opposer l'exception dilatoire
de garantie accordée par l'art. 175 du Code de procédure.
Les codébiteurs solidaires sont certainement garants les
uns des autres (art. 1213 et 1214), on ne voit donc pas
pourquoi on leur retirerait un droit, accordé par la loi

(1) V. ci-dessus (p. 80).

même aux débiteurs d'une obligation indivisible (art. 1225). D'ailleurs, ce droit n'est aucunement incompatible avec la disposition de l'art. 1203. Autre chose est demander que les poursuites du créancier soient divisées, que le créancier ne puisse exiger d'un seul le paiement total ; autre chose est faire assurer simplement le recours entre codébiteurs, et, cela, sans nuire aucunement au créancier, le délai de l'art. 175 Pr. étant très-court.

Du droit qui appartient au créancier de demander le paiement du tout à chacun des débiteurs solidaires, résulte à l'inverse pour chacun de ceux-ci le droit d'offrir le paiement intégral au créancier et de le forcer à accepter ce paiement.

Il est bien entendu que le droit de demander le paiement sans division n'existe d'une façon absolue qu'autant que les codébiteurs solidaires sont encore vivants ou que celui qui serait décédé n'a laissé qu'un héritier. En effet, s'il y a plusieurs héritiers, chacun doit, non pas la totalité de la dette, mais une fraction *de la dette totale*.

Quand le créancier a poursuivi l'un des codébiteurs pour le tout, son droit n'est pas éteint, comme il l'était, à l'origine, en Droit romain, par l'effet de la *litis-contestatio*. C'est à cause de ce souvenir du Droit romain que l'art. 1204 s'est expliqué formellement à ce sujet.

Nous venons d'étudier les effets de la solidarité entre débiteurs, qui résultent de la règle posée par l'art. 1200 : *chacun peut être contraint pour la totalité.* Nous avons vu (1) qu'un autre caractère de la solidarité est l'existence d'un mandat entre les codébiteurs.

Quelle est l'étendue de ce mandat ? A ce sujet, le code a

____

(1) V. ci-dessus (p. 81).

admis la théorie établie par Dumoulin et reproduite par Pothier : les codébiteurs sont mandataires *ad perpetuandam, non ad augendam obligationem.*

Nous ne nous arrêterons pas à discuter le fondement de cette théorie ; nous avons déjà traité cette question dans notre étude sur les obligations solidaires en Droit romain (1) ; nous nous bornerons à faire remarquer que le code en a fait l'application dans les art. 1205, 1206 et 1207.

Si la chose due a péri par la faute ou pendant la demeure de l'un ou de plusieurs des débiteurs solidaires, les autres codébiteurs ne sont point déchargés de l'obligation de payer le prix de la chose ; mais ceux-ci ne sont point tenus des dommages et intérêts. Le créancier peut seulement répéter les dommages et intérêts tant contre les débiteurs par la faute desquels la chose a péri, que contre ceux qui étaient en demeure (art. 1205).

Cette décision, empruntée à Pothier (oblig. n° 273), re-reproduit la contradiction que nous avons signalée (2), avec le principe que les codébiteurs ne sont pas mandataires *ad augendam obligationem.*

Que faut-il décider quand il a été stipulé une clause pénale pour le cas de retard ? Dans ce cas, les auteurs s'accordent pour décider qu'on ne doit pas appliquer l'art. 1205. On peut dire que l'inexécution de l'obligation est la *condition* sous laquelle les codébiteurs doivent la peine ; donc, ils en sont tenus dès que la condition est accomplie, et elle l'est par la mise en demeure d'un seul d'entre eux. En outre, l'art. 1232 décide que dans le cas où l'obligation

(1) V. ci-dessus (p. 24).
(2) Ci-dessus (p. 24).

contractée sous une clause pénale est d'une chose indivisible, la *peine est encourue par la contravention d'un seul des héritiers du débiteur*. S'il en est ainsi dans le cas d'une obligation indivisible, qui n'établit aucun lien entre les débiteurs, à plus forte raison devons-nous décider de même dans le cas d'obligation solidaire (1).

Les poursuites faites contre l'un des débiteurs solidaires interrompent la prescription à l'égard de tous (art. 1206). En effet, c'est une conséquence logique de la maxime que les codébiteurs soient mandataires ad *perpetuandam obligationem.*

Il en est de même de *la reconnaissance* faite par un des codébiteurs (art. 2249).

Si l'un des codébiteurs solidaires vient à mourir, laissant plusieurs héritiers, la prescription, interrompue par les poursuites dirigées contre l'un d'eux, ne sera pas interrompue à l'égard des autres, car ces héritiers ne sont pas débiteurs solidaires entre eux, et elle ne le sera à l'égard des codébiteurs solidaires du défunt que pour la part pour laquelle l'héritier poursuivi représente ce défunt (art. 2249).

« *La demande d'intérêts formée contre l'un des débiteurs solidaires fait courir les intérêts à l'égard de tous.* » (Art. 1207).

On pourrait voir dans cette disposition une dérogation au principe que les débiteurs solidaires *ne sont pas mandataires ad augendam obligationem*, dérogation inspirée par le désir d'épargner des frais au créancier. Mais nous ferons remarquer que la loi ne s'est guère préoccupée de l'idée d'épargner des frais dans l'art. 1205. Nous croyons donc qu'il vaut mieux rattacher la décision du Code à

(1) C'était également l'opinion de Pothier (oblig. 273).

l'idée que nous avons invoquée pour nous prononcer dans le cas, non prévu par l'art. 1205, où une *clause pénale* aurait été stipulée pour le cas de retard (1). L'obligation de payer des dommages et intérêts en matières de sommes d'argent étant réglée par l'art. 1153 et le chiffre en étant fixé par la L. du 3 septembre 1807 art. 2, on peut considérer cette obligation comme naissant d'une clause pénale tacite, et nous avons décidé que dans le cas de clause pénale on n'applique pas l'art. 1205, (2).

Ce que l'art. 1207 nous dit de la demande d'intérêts s'applique également à la sommation dans les cas où elle suffit pour faire courir les intérêts, (art. 1652).

Qu'arrivera-t-il si la dette de l'un était actuellement exigible, tandis que celle des autres était à terme ou sous condition ?

Du motif que nous avons donné pour expliquer l'article 1207, nous devons conclure que les intérêts courront, il est vrai, *de plein droit* contre le débiteur à terme ou sous condition, mais qu'ils ne courront contre ce débiteur qu'après l'échéance du terme ou l'arrivée de la condition.

(1) V. ci-dessus, (p. 94).

(2) On peut ajouter la considération suivante : les débiteurs continuant à profiter de la somme qu'ils ne remboursent pas, il est équitable de les soumettre à l'obligation du paiement des intérêts.

III. — MOYENS DE DÉFENSE QUE PEUVENT OPPOSER LES
CODÉBITEURS.

L'obligation solidaire, avons-nous dit (1), est une. De
cette unité il semble qu'on devrait conclure que tous les
moyens par lesquels un des codébiteurs se trouve libéré
produisent le même effet à l'égard des autres.

Cependant cette règle est loin d'être absolue et la loi
établit avec raison des distinctions importantes entre les
différents moyens que chacun des débiteurs solidaires
peut opposer à la demande du créancier.

*Le codébiteur solidaire poursuivi par le créancier peut
opposer toutes les exceptions qui résultent de la nature de
l'obligation, et toutes celles qui lui sont personnelles, ainsi que
celles qui sont communes à tous les codébiteurs.*

*Il ne peut opposer les exceptions qui sont purement per-
sonnelles à quelques-uns des autres codébiteurs.* (Art. 1208).

La loi divise donc les *moyens de défense* (2) en quatre
classes :

1° Ceux qui résultent de la nature de l'obligation ;

2° Ceux qui sont communs à tous les codébiteurs ;

3° Ceux qui sont personnels à l'un ou à quelques-uns
d'entre eux ;

(1) Ci-dessus (p. 80 et 81).
(2) On a fait remarquer avec raison que le mot *exceptions* employé par la loi n'est pas parfaitement juste, les exceptions tendant
seulement à faire déclarer que le demandeur a procédé d'une manière irrégulière sans examiner le fond de sa prétention (art. 166
et suiv. Pr.).

7

4° Ceux qui sont purement personnels.

Cette classification trop peu précise a donné naissance à de nombreuses difficultés que nous aurons à examiner. Nous devons cependant en étudier les termes d'une façon générale avant d'entrer dans le détail des cas que la loi a voulu prévoir.

Les moyens dont parle la loi dans la première et la seconde classe ont ce point commun qu'ils peuvent être *invoqués par tous les débiteurs* ; mais ils diffèrent en ceci que les premiers (moyens qui résultent de la nature de l'obligation) sont ceux qui tiennent aux vices *originaires* de l'obligation où aux modalités dont elle a été affectée par tous les codébiteurs, tandis que les seconds (moyens communs à tous les codébiteurs), proviennent de faits postérieurs à la formation de la dette, et qui en ont opéré l'extinction.

Ainsi, dans la 1re classe, nous ferons rentrer le défaut de cause, l'absence des formes requises dans un contrat solennel ; dans la seconde classe le paiement, la remise de la dette., etc.

Les moyens de la 3° et de la 4° classe reposent sur un vice né d'une cause propre à l'un des codébiteurs, ou sur un événement postérieur à la formation de l'obligation, mais qui ne peut produire un effet qu'en faveur de ce codébiteur. Ils diffèrent en ce que les premiers (moyens personnels) profitent à tous les codébiteurs en ce sens qu'ils ne sont obligés de payer le total que déduction faite de la part du codébiteur à l'égard de qui le moyen est personnel, tandis que les seconds (moyens purement personnels), ne peuvent être aucunement opposés par les autres codébiteurs, même jusqu'à concurrence de la part de celui dont ils affectent l'obligation.

La confusion ou la remise de sa part consentie à un débiteur solidaire sont, par exemple, des moyens personnels ; l'incapacité d'un des débiteurs est un moyen purement personnel.

Nous allons étudier successivement les diverses causes d'extinction des obligations, et nous verrons comment nous devons les ranger dans la classification établie par l'art. 1208.

Les obligations s'éteignent par le paiement, par la novation, par la remise volontaire, par la compensation, par la confusion, par la perte de la chose, par la nullité ou la rescision, par l'effet de la condition résolutoire et par la prescription. (Art. 1234).

§ 1. PAIEMENT. — La dette solidaire étant unique, le *paiement* fait par un seul des débiteurs libère les autres (art. 1200). Le paiement rentre donc dans la 2° classe des moyens de défense. (Moyens communs).

§ 2. NOVATION. — *Par la novation faite entre le créancier et l'un des débiteurs solidaires, les codébiteurs sont libérés* (art. 1281). La novation est encore un moyen commun.

Remarquons, au sujet de la novation, une disposition très-rigoureuse de la loi : *Lorsque la novation s'opère entre le créancier et l'un des débiteurs solidaires, les priviléges et hypothèques de l'ancienne créance ne peuvent être réservés que sur les biens de celui qui contracte la nouvelle dette* (art. 1280). Cette décision est difficile à justifier. Bien que les codébiteurs solidaires, libérés par la novation qui s'est opérée entre le créancier et l'un d'entre eux, ne puissent, sans leur consentement, être personnellement tenus des conséquences de la nouvelle obligation, on ne voit pas pourquoi ce consentement est nécessaire pour la réserve d'hypothèques dont le maintien n'est pas incompatible avec la libération personnelle des propriétaires des immeubles grevés. Les codébiteurs solidaires profiteront toujours de la novation, même faite avec cette réserve, puisqu'ils ne seront plus tenus qu'hypothécairement. Que leur codébiteur ne puisse créer de nouvelles hypothèques sur leurs biens, rien de plus juste ; mais réserver des hypothèques, ce n'est pas les constituer. La preuve en est dans l'art. 1278, qui permet cette réserve.

Aussi ne doit-on pas admettre, comme semblerait l'indiquer l'article, que le consentement même des codébiteurs libérés par la novation ne puisse pas autoriser la réserve, sur leurs biens, des hypothèques déjà établies.

§3. REMISE DE LA DETTE. — Le créancier d'une dette solidaire peut faire trois espèces de remises :

1° Remise de la dette entière ;

2° Remise de sa part faite à l'un des codébiteurs ;

3° Remise de la solidarité.

Lorsque le créancier fait remise de la dette entière, cette remise établit un moyen de défense commun. Lorsqu'il fait à l'un des codébiteurs remise de sa part, c'est un moyen de défense personnel, mais non pas purement personnel (art. 1285).

D'après le Code, la remise est présumée absolue :

La remise ou décharge conventionnelle au profit de l'un des codébiteurs solidaires, libère les autres, à moins que le créancier n'ait expressément réservé ses droits contre ces derniers (art. 1285).

Cet effet absolu donné à la remise est un souvenir de la théorie romaine sur l'*acceptilation* (1), qui était assimilée

____

(1) V. ci-dessus (p. 39 et suiv.).

au paiement. La renonciation aux droits ne devant pas se présumer, il eût été plus logique de suivre la théorie que les jurisconsultes romains avaient établie pour le *pactum de non petendo* (1), et que Pothier avait reproduite (2), c'est-à-dire examiner quelle a été l'intention du créancier.

Ce que nous avons dit de la remise expresse est également vrai de la remise tacite résultant de l'abandon du titre. *La remise volontaire de la grosse du titre fait présumer la remise de la dette, ou le paiement sans préjudice de la preuve contraire* (art. 1284).

Supposons que le créancier, en faisant remise à l'un des codébiteurs solidaires, ait réservé ses droits contre les autres; la remise, avons-nous dit, n'est que de la part du débiteur à qui elle a été faite; mais, est-ce de la *part réelle* ou de la *part virile*? On devra, pour résoudre la question, examiner quelle a été l'intention du créancier. S'il a connu la position respective des débiteurs, on devra présumer qu'il a entendu faire remise de la part réelle; s'il l'a ignorée, la remise sera présumée de la part virile; enfin, s'il est impossible de savoir si le créancier a connu ou ignoré les rapports des codébiteurs, on présumera que la remise a été de la part virile.

§ 4. REMISE DE LA SOLIDARITÉ. — *Le créancier qui consent à la division de la dette à l'égard d'un des codébiteurs, conserve son action solidaire contre les autres, mais sous déduction de la part du débiteur qu'il a déchargé de la solidarité.* (Art. 1210).

La loi nous dit d'abord que la remise de la solidarité faite à l'un des débiteurs ne libère pas les autres, à la dif-

(1) V. ci-dessus (p. 41 et suiv.).
(2) Oblig. (n° 275).

férence de ce que l'article 1285 nous disait de la remise de la dette. Le code est ici plus logique, la décharge étant une renonciation, et la renonciation à un droit ne se présumant jamais.

La seconde partie de l'art. 1210 est contraire à l'opinion de Pothier (1). Pothier, en effet, nous disait : le créancier peut renoncer à la solidité en faveur de l'un des débiteurs, qu'il déchargera de la solidité, *en conservant son droit de solidité contre les autres.* On a même prétendu que cette partie de l'art. 1210 était contraire à la logique. «Pourquoi, a-t-on dit (2), les codébiteurs *ne peuvent-ils plus être poursuivis pour la part du débiteur déchargé de la solidarité* ? On dit qu'ils éprouvent un préjudice parce qu'ils ont une chance de plus d'être poursuivis pour le tout, mais cette chance, n'est-elle pas l'effet ordinaire de la solidarité ?...»

Nous admettons, il est vrai, que sans supposer une remise de solidarité, il dépende absolument du caprice du créancier de ne jamais poursuivre celui des débiteurs qu'il veut favoriser. Mais, justement, il n'y a, hors de la remise de solidarité, qu'une intention bienveillante, qui n'a rien d'irrévocable et qui, par conséquent, ne détruit point l'égalité entre les débiteurs ; au contraire, leur situation est profondément modifiée par la remise de solidarité faite à l'un d'eux ; celui à qui cette remise est faite, est sûr d'en bénéficier d'une façon irrévocable, et les autres voient diminuer les chances qu'ils avaient de ne pas être poursuivis.

Le défaut de logique que certains auteurs ont cru trouver dans l'art. 1210, les a conduits à donner à cet article une

(1) Oblig. n° 277.
(2) Laurent, principes de droit civil français, T. XVII, n° 346.

autre interprétation. Suivant eux, l'article ne s'appliquerait que dans le cas où la remise est concédée en même temps que le créancier accepte un paiement partiel.

Dans ce cas, la fin de notre article serait très-facile à justifier : le créancier ayant reçu la part d'un des codébiteurs, il est évident que la dette totale doit être diminuée de cette part. Mais, telle n'est point, à notre avis, l'hypothèse de l'article. D'abord, le cas où il y a paiement était tellement simple, qu'il était inutile de le prévoir ; ensuite on ne voit pas que le texte parle le moins du monde de paiement. L'expression *consentir à la division de la dette* s'explique par l'art. 1203, qui déclare que le débiteur solidaire ne peut pas demander la *division*; donc, consentir à la division, c'est simplement renoncer à la solidarité, ce qu'indique encore la fin de l'article, sans que ces termes très-clairs impliquent la nécessité d'un paiement partiel effectué.
· Des motifs par lesquels nous avions justifié la seconde partie de l'art. 1210, nous devons conclure qu'il n'est pas permis d'y déroger par une convention même expresse ; ainsi nous déclarerions nulle la convention par laquelle le créancier, déchargeant de la solidarité un des codébiteurs, prétendrait se réserver le droit de poursuivre les autres pour le tout. Si la remise de solidarité faite au profit d'un seul, aggrave l'obligation des autres, cette aggravation ne peut résulter d'une convention à laquelle ceux-ci n'ont pas adhéré.

A côté de la remise expresse de la solidarité, la loi prévoit plusieurs cas de remise tacite. Cette remise tacite produit les mêmes effets que la remise expresse.

Le créancier qui reçoit divisément la part de l'un des débiteurs, sans réserver dans la quittance la solidarité ou ses droits en général, ne renonce à la solidarité qu'à l'égard de ce débiteur. (Art. 1211, al. 1).

Le créancier n'est pas censé remettre la solidarité au débiteur, lorsqu'il reçoit de lui une somme égale à la portion dont il est tenu, si la quittance ne porte pas que c'est pour sa part. (Art. 1211, al. 2). (1).

Dans cette première hypothèse, pour qu'il y ait remise de la solidarité, il faut d'abord que le créancier reçoive un *paiement divisé.* Mais ce paiement divisé pourrait faire présumer que le créancier consent simplement à recevoir un à-compte; aussi faut-il encore, pour qu'il y ait renonciation tacite, que ce paiement soit de la part du codébiteur qui paie, et que la quittance porte que c'est *pour la part de ce débiteur* que le paiement est fait. Dailleurs, ces deux conditions n'établissent qu'une présomption de la volonté du créancier, il peut détruire cette présomption en réservant ses droits.

De même, si le créancier demande en justice un paiement divisé, il faut que la demande porte qu'elle est faite *pour. la part du débiteur qu'il poursuit.* Mais le créancier qui agit en justice peut toujours se rétracter, tant que le débiteur n'a pas consenti à sa demande ou volontairement ou contraint par un jugement. La remise tacite de solidarité ne devient donc irrévocable que par l'acquiescement du débiteur ou par un jugement de condamnation (art. 1211, al. 3). Ajoutons que ce jugement doit être inattaquable, car, tant qu'il peut être attaqué, il n'a conféré aucun droit définitif (art. 1262).

Le créancier qui reçoit divisément, et sans réserve, la part d'un débiteur dans les intérêts ou arrérages de la dette, perd la solidarité pour les arrérages échus (art. 1212). C'est

(1) Il semble qu'il y ait contradiction entre les deux alinéas : le premier suppose que la quittance ne contient aucune mention ; le second exige au contraire une mention. Mais cette contradiction n'est qu'apparente.

l'application aux intérêts de l'art. 1211 : aussi faut-il que la quittance soit, comme dans le cas de l'art. 1211, donnée au débiteur *pour sa part.*

Le créancier, d'ailleurs, ne perd, dans ce cas, la solidarité que pour les intérêts ou arrérages échus ; en effet, sa renonciation doit être interprétée restrictivement.

Mais si le paiement divisé des intérêts est continué pendant dix ans, le créancier perd la solidarité même pour le capital et les intérêts à échoir (art. 1212). En effet, la réception d'un paiement divisé continuée pendant si longtemps, montre que le créancier ne considère plus le débiteur comme solidaire, d'autant plus qu'il lui suffit, pour conserver ses droits, de les avoir réservés dans une seule quittance.

La loi dit que le paiement doit avoir été continué pendant dix ans consécutifs. Des mots *continués* et *consécutifs* nous concluons qu'il ne suffirait pas d'un seul paiement comprenant les dix années échues. Il faut qu'il y ait eu plusieurs paiements, — au moins un par an, à notre avis. En effet, la loi ne se borne pas à dire *pendant dix ans,* elle veut que ce soient dix ans *consécutifs,* ce qui implique que le créancier déclare chaque année la même intention.

Peut-on admettre la renonciation à la solidarité en dehors des cas prévus par la loi ?

Il est certain qu'en dehors de ces cas il n'y a pas de présomption *légale.* Mais, *en fait,* les juges peuvent reconnaître qu'une remise tacite de la solidarité a eu lieu entre le créancier et l'un des débiteurs solidaires.

§ 5. Compensation. — Supposons trois codébiteurs solidaires d'une dette de 12,000 francs ; le créancier devient, envers l'un d'eux, débiteur de la même somme ; la dette sera-t-elle éteinte par *compensation ?*

D'après l'art. 1290, la compensation n'est qu'une sorte de paiement fictif : il semble donc qu'elle devrait, dans les obligations solidaires, jouer le même rôle que le paiement, et rentrer dans la classe des moyens de défense communs.

C'est, en effet, ce qui aura lieu dans le cas où le créancier ayant poursuivi celui des débiteurs qui est son propre créancier, celui-ci lui aura opposé la compensation.

Mais si le créancier s'adresse à celui des codébiteurs solidaires dont il n'est pas lui-même le débiteur, la loi repousse l'assimilation qu'on voudrait établir entre la compensation et le paiement.

« *Le débiteur solidaire ne peut pareillement opposer la compensation de ce que le créancier doit à son codébiteur.* (Art. 1294), al. 3.

D'après le système du Code, la compensation s'opère par la seule force de la loi (art. 1290). Pourquoi le Code déroge-t-il à ce principe quand l'une des dettes est solidaire ?

Nous trouvons dans les travaux préparatoires l'origine de cette disposition. L'alinéa relatif aux codébiteurs solidaires n'existait pas dans l'article du projet (1). Il fut ajouté, sur les observations du Tribunat, pour éviter l'immixtion des débiteurs solidaires dans les affaires de leurs codébiteurs. « Si l'on pouvait, disent les observations du Tribunat (2), opposer la compensation de ce qui serait dû à un autre qu'à soi-même, quoique cet autre fût un codébiteur solidaire, ce serait donner lieu à des difficultés sans

----

(1) Art. 185 du projet. La caution peut opposer la compensation de ce que le créancier doit au débiteur principal. Mais le débiteur principal ne peut opposer la compensation de ce que ce créancier doit à la caution.

(2) Fenet. T. XIII, p. 162.

nombre : ce tiers se trouverait engagé malgré lui dans des procès désagréables : il faudrait examiner contradictoirement avec lui si la dette existe, jusqu'à quel point elle existe, si elle est susceptible de compensation, etc. »

« Il est naturel que la compensation n'ait lieu entre deux personnes que pour ce qu'elles se doivent directement l'une à l'autre. *Tels sont les motifs de l'addition proposée.* »

Ces motifs donnés par le Tribunat ne sont pas parfaitement satisfaisants. En effet, si la compensation soulevait réellement toutes les difficultés qu'il signale, il en résulterait qu'il n'y aurait pas lieu à compensation. En effet, pour que deux dettes soient compensables, il faut qu'elles soient *liquides*, et une dette dont on ne pourrait établir l'existence sans procès ne serait pas *liquide*. On n'aurait donc pas à se demander si elle peut ou non être opposée en compensation par tous les débiteurs.

L'insuffisance de ce motif a conduit les auteurs à chercher à notre article 1294 une explication logique. M. Demolombe (1) la fait reposer sur la comparaison suivante :

Le débiteur principal ne peut opposer la compensation de ce que le créancier doit à la caution ; or, si entre eux les codébiteurs sont cautions les uns des autres, *envers le créancier, chacun d'eux est débiteur aussi principal, en quelque sorte que s'il était seul débiteur. D'où il suit qu'il ne peut pas plus que tout autre débiteur principal opposer la compensation de ce que le créancier doit à un autre.* M. Demolombe cite à l'appui de cette comparaison la rédaction de l'art. 1294 : *Le débiteur principal ne peut opposer la compensation de ce que le créancier doit à la caution. Le débiteur solidaire ne peut* PAREILLEMENT *opposer la compensation de ce que le créancier doit à son codébiteur.*

(1) T. XXVI, n° 399.

Il invoque également l'autorité de Pothier (1).

MM. Aubry et Rau (2) invoquent cette idée que si la compensation pouvait être opposée par les codébiteurs de celui du chef duquel elle s'opère, ce dernier se trouverait obligé de les accepter pour débiteurs jusqu'à concurrence de la part pour laquelle il aurait un recours à exercer contre chacun d'eux. Le même inconvénient ne se présente plus à l'occasion de la compensation opposée par la caution du chef du débiteur principal, puisque celui-ci ne peut jamais avoir de recours à exercer contre elle.

Ainsi le premier de nos auteurs assimile le codébiteur solidaire dans ses rapports avec ses codébiteurs à un débiteur principal en présence de cautions, les seconds, au contraire, opposent ces deux classes de débiteurs.

Un autre motif a été donné que nous croyons préférable. « On a compris, dit M. Colmet de Santerre (3) que donner à tous le droit d'invoquer la compensation du chef de l'un d'eux, c'était supprimer toute éventualité quant à la nécessité de faire l'avance, et l'imposer fatalement à celui des débiteurs qui est créancier du créancier. Il ne faut pas que ce débiteur soit sûr que la dette s'éteindra par compensation avec sa créance, pas plus qu'il ne faudrait dans d'autres hypothèses que la dette dût nécessairement s'éteindre par un paiement à la charge d'un des débiteurs. » ·

Quelle que puisse être d'ailleurs la valeur de ces justifications données à l'art. 1294, il est certain que le vrai motif qui a dirigé le législateur est celui que nous avons donné plus haut (4) : empêcher que le codébiteur solidaire qui n'est point attaqué par le créancier, et que ses codébi-

(1) Pothier. Oblig. n° 274.
(2) T. IV. § 298 ter. Note 18.
(3) Cours analyt. de Code Civil. T.V. n° 142 bis II.
(4) V. ci-dessus (p. 106).

teurs prétendent créancier de ce créancier, puisse être engagé dans des procès désagréables relativement à l'existence de sa créance. Aussi ce motif, quelque peu fondé qu'il soit en lui-même, doit nous conduire à décider qu'un des débiteurs solidaires ne peut même pas opposer la compensation pour la part que devra supporter définitivement dans la dette son codébiteur créancier du créancier.

Cette solution est d'ailleurs conforme au texte de la loi : *le débiteur solidaire ne peut opposer la compensation de ce que le créancier doit à son codébiteur.* La règle est générale : elle ne distingue pas entre la compensation opposée pour le tout, et la compensation opposée pour partie seulement.

Cependant, Domat était d'un avis contraire, son motif était celui-ci : « Il ne serait pas juste de contraindre un des obligés à payer la portion de celui qui aurait à faire une compensation avec le créancier : puisque si cette compensation ne se faisait point, et que ce débiteur qui pourrait la faire de son chef se trouvât insolvable, ceux qui auraient payé pour lui seraient sans ressources, *pour avoir payé ce qu'il ne devait point, ou qu'il aurait pu justement compenser* (1). »

Ce motif est avec raison critiqué par Pothier : « Lorsqu'un débiteur solidaire paie le total de la dette, ce n'est *que vis-à-vis de ses codébiteurs* qu'il est censé *payer pour eux* les parts dont ils sont chacun tenus de la dette... mais, vis-à-vis du créancier, il paie *ce qu'il doit lui-même*, et, par conséquent, il ne peut opposer en compensation que ce qui lui est dû à lui-même... » (2).

Cependant, Pothier finit par se ranger à l'opinion de

(1) Domat. L. civiles (p. 1, L. 3, t. 3, S. 1, art. 8).
(2) Oblig. n° 274.

Domat, en disant *qu'elle évite un circuit.* « Lorsque Paul m'aura payé pour le total la dette qu'il me doit solidairement avec Pierre, Paul aura recours contre Pierre pour la part dont il en était tenu ; et pour cette part, *il saisira entre mes mains* ce que je dois à Pierre, et me fera rendre, jusqu'à concurrence de cette part, ce que j'aurai reçu. » N'est-il pas plus simple que je ne reçoive pas cette part et que Paul la garde ?

Cette assimilation de la compensation à la saisie-arrêt n'est pas juste. En effet, la saisie-arrêt ne crée aucun privilége au profit du saisissant, qui vient, comme les autres créanciers, par contribution au marc le franc. La compensation, au contraire, implique un paiement intégral, sans contribution avec les autres créanciers. (V. art. 1298).

En outre, il n'est pas vrai qu'en permettant à tous les codébiteurs solidaires d'opposer la compensation pour partie, on supprimera tout recours. En effet, supposons, en reprenant l'exemple de Pothier, que Paul me paie la dette solidaire, déduction faite de la part dont Pierre doit être tenu définitivement, nous aurons bien supprimé le recours de Paul contre Pierre, mais Pierre aura encore, contre moi qui suis devenu son débiteur, un recours pour la moitié de sa créance.

Il n'existe donc pas de motif concluant de s'écarter d'une opinion qui nous semble fondée sur l'étude du texte et l'histoire de sa rédaction ; nous devons donc décider que la compensation née du chef d'un des débiteurs solidaires, ne peut pas être opposée, *même pour partie,* par les autres débiteurs. En d'autres termes, le moyen de défense tiré de la compensation, est un moyen *purement personnel.*

§ 6. CONFUSION. — *Lorsque l'un des débiteurs devient héritier unique du créancier, ou lorsque le créancier de-*

vient l'unique héritier de l'un des débiteurs, la confusion n'éteint la créance solidaire que pour la part et portion du débiteur ou du créancier. (Art. 1209).

Celle (la confusion) *qui s'opère dans la personne du créancier ne profite à ses codébiteurs solidaires que pour la portion dont il était débiteur.*

Ainsi, la confusion ne fournit, en matière de solidarité, qu'un moyen *personnel* de défense. Cela tient à ce qu'il n'y a pas dans la confusion, quoique la loi la range dans les modes d'extinction (art. 1294), un véritable moyen d'éteindre l'obligation (1). L'action du créancier est paralysée plutôt qu'elle n'est éteinte, par la réunion des deux qualités incompatibles de créancier et de débiteur. *Confusio magis eximit personam débitoris ab obligatione quam extinguit obligationem* (2).

Partout où on ne trouve pas cette réunion de qualités incompatibles, la dette subsiste.

L'art. 1209 ne parle que du cas où la confusion a lieu à l'occasion de l'ouverture d'une succession. Mais l'art. 1300, mieux rédigé, déclare en termes généraux qu'il y a confusion *lorsque les qualités de créancier et de débiteur se réunissent dans la même personne.* Et la confusion produira toujours l'effet réglé par l'art. 1209, qu'elle ait lieu par suite d'une succession, d'un testament, d'une donation ou d'un achat de créance. (Art. 1301).

L'art. 1209 nous dit : *lorsque le créancier devient........* la créance n'est éteinte que *pour la part du créancier.* Ces derniers mots ont été critiqués (3). Comment, a-t-on dit, peut-il être question de la part du créancier, puisqu'il s'a-

___

(1) Ceci résulte de l'art. 1209 : « *n'éteint que pour sa part et portion.* »

(2) Pothier, n° 276.

(3) Marcadé, sur l'art. 1209, n° 1.

git toujours d'un créancier unique ? Cette critique est mal fondée : les mots : *la part du créancier* signifient *la part dont le créancier est devenu débiteur.*

Remarquons du reste que l'article n'est pas limitatif lorsqu'il dit : *l'un des débiteurs devient héritier unique, le créancier devient héritier unique.* Il faudrait l'appliquer également si l'un des débiteurs devenait *l'un des héritiers* pour partie du créancier, ou si le créancier devenait *l'un des héritiers pour partie de l'un des débiteurs.* Seulement, la confusion ne produirait son effet que dans la mesure de l'impossibilité de poursuite qui en résulterait, c'est-à-dire seulement dans la proportion des droits héréditaires de l'un des débiteurs dans la succession du créancier, ou des droits héréditaires du créancier dans la succession de l'un des débiteurs.

Ajoutons enfin que, en outre de la part dont le débiteur, devenu héritier du créancier, ou le créancier, devenu héritier du débiteur, est personnellement tenu dans la dette, il doit supporter encore sa part contributoire dans les insolvabilités des autres codébiteurs. (Art. 1214).

§ 7. Perte de la chose. — La perte de la chose due, arrivée par cas fortuit, rendant l'exécution de l'obligation impossible, constitue un *moyen commun de libération* (art. 1302).

Si au contraire la chose avait péri par le fait ou la faute, ou pendant la demeure de tous les débiteurs, ils continueraient tous d'être débiteurs de la valeur de la chose, et, s'il y avait lieu, de dommages et intérêts.

Nous avons vu sous l'art. 1205, la règle établie par la loi pour le cas où la chose aurait péri par la faute ou pendant la demeure de l'un ou de quelques-uns seulement des débiteurs (1).

(1) V. ci-dessus (p. 94).

§ 8. Nullité ou Rescision. — La nullité ou rescision de l'obligation peut constituer, en matière de solidarité, un moyen de défense commun, ou un moyen personnel, ou un moyen purement personnel.

Si la nullité ou rescision est fondée sur *l'incapacité* de l'un des débiteurs, par exemple pour cause de minorité ou d'interdiction, elle constitue un moyen *purement personnel*.

Si la nullité ou rescision est fondée sur *les vices du consentement de l'un des débiteurs*, erreur, violence ou dol, elle constitue un moyen *purement personnel*.

Cependant, *la caution* peut opposer au créancier l'exception fondée sur les vices du consentement du débiteur principal, et elle ne peut pas non plus opposer les exceptions *purement personnelles*. On en pourrait conclure que ces vices constituent des moyens communs. Mais il faut bien se garder, malgré la ressemblance des termes des art. 1208 et 2036, d'assimiler la solidarité au cautionnement. Celui-ci n'est qu'une obligation accessoire, qui participe nécessairement aux vices dont est affectée l'obligation principale, excepté ceux qui dérivent d'une prérogative exclusivement personnelle au débiteur principal, comme la minorité ; dans la solidarité, au contraire, chacun des codébiteurs est engagé d'une manière *principale*.

Ainsi, l'exception naissant de l'incapacité ou des vices du consentement de l'un des débiteurs, ne peut pas être opposée par les autres.

Mais, si cette exception *a été déjà opposée* par celui à qui elle était personnelle, les autres codébiteurs ne peuvent-ils pas du moins l'opposer à leur tour au créancier, pour la part dont leur codébiteur aurait dû être chargé définitivement.

8

Nous croyons que cette question doit être résolue par interprétation de la volonté des parties. Si le codébiteur capable connaissait le vice affectant l'obligation de son codébiteur, on peut dire que la rescision de l'obligation de celui-ci était un risque qu'il avait consenti à courir, et, par conséquent, on lui refusera le droit de bénéficier de l'exception déjà opposée.

Si au contraire, il ignorait les vices du consentement de son coobligé, il sera d'autant plus nécessaire de l'autoriser à demander la déduction de la part de celui-ci, que son codébiteur ne pourrait même pas profiter du bénéfice de son exception personnelle, s'il était exposé au recours de celui de ses codébiteurs qui aurait payé le tout.

La nullité ou rescision, au lieu d'être fondée sur l'incapacité d'un des codébiteurs ou les vices de son consentement, peut être fondée sur une cause *inhérente à la dette,* comme la lésion de plus des sept douzièmes au préjudice des vendeurs solidaires d'un même immeuble (art. 1674). Elle devient alors un moyen de défense commun.

§ 9. CONDITION RÉSOLUTOIRE. — Lorsque la condition résolutoire affecte l'obligation de tous les codébiteurs, elle est évidemment *un moyen commun.* Elle devient au contraire un moyen *purement personnel* lorsqu'elle affecte l'obligation d'un seul des codébiteurs.

§ 10. PRESCRIPTION. — Nous avons vu, à propos de l'art. 1206 (1), que les poursuites faites contre l'un des débiteurs solidaires, interrompent la prescription à l'égard de tous. Il en résulte qu'elle aura couru au profit de tous les codébiteurs, ou qu'elle n'aura couru au profit d'aucun d'entre eux.

(1) V. ci-dessus (p. 95).

Donc, si elle n'a pas été interrompue, elle pourra être invoquée par tous.

Ce que nous venons de dire de l'*interruption* de la prescription, faut-il le dire également de la **suspension ?** En d'autres termes, lorsque la prescription est suspendue à l'égard de l'un des débiteurs, celui-ci peut-il invoquer la prescription accomplie au profit des autres ?

La question peut se poser au cas où une femme, débitrice solidaire, serait devenue l'épouse du créancier, ou bien dans le cas où l'obligation d'un des débiteurs serait à terme ou sous condition.

Que pourra faire le créancier ? Pourra-t-il demander le total de la dette au débiteur contre lequel la prescription n'a pu courir ? Dans ce cas ce débiteur aurait, après avoir payé le total, un recours contre son codébiteur pour sa part, et alors celui-ci ne profiterait pas lui-même de la prescription qui lui est acquise ; ou bien si on refuse d'accorder un recours à celui qui a payé le tout, son obligation se trouverait considérablement augmentée.

Or, en fait, que voyons-nous ? D'un côté, un débiteur qui n'a rien à se reprocher, de l'autre, un créancier négligent qui veut faire peser sur le débiteur que la faveur de la loi lui a réservé tout le poids de ses poursuites.

D'autre part, on ne peut pas accorder au débiteur qui n'a pu prescrire le droit d'être traité aussi bien que ses codébiteurs qui ont prescrit.

On devra donc par analogie appliquer ce que l'art. 1285 dit en cas de remise de la dette faite au profit de l'un des codébiteurs. Dans ce cas, le créancier, en faisant la remise, a privé les codébiteurs de leur recours contre le débiteur déchargé de la dette ; aussi la loi ne lui permet-elle de les poursuivre que déduction faite de la part de celui à qui il a fait la remise. De même dans notre cas, il doit supporter les conséquences de la négligence qu'il a commise en n'interrompant pas la prescription, et, par conséquent le débiteur qui n'a pas prescrit peut invoquer la prescription, *mais seulement pour la part des autres obligés.*

M. Demolombe, qui admet que la prescription accomplie au profit de l'un des codébiteurs peut être invoquée par les autres (1), nous dit que la *prescription éteint la dette d'une façon absolue, comme le paiement.* Il invoque l'art. 2225 : *Toute personne ayant intérêt à ce que la prescription soit acquise peut l'opposer.* Et il ajoute que le codébiteur oppose cette prescription *du chef de ses codébiteurs au profit desquels elle s'est accomplie parce que la prescription forme un moyen commun.* A notre avis, c'est résoudre la question par la question, puisque le point que nous examinons est de savoir si le moyen résultant de la prescription est commun.

Quant à l'art. 2225, il nous montre que la prescription accomplie au profit d'une personne peut être invoquée par les intéressés. Nous l'admettons, mais dans quelle proportion peut-elle être invoquée dans notre cas ? Est-ce pour le tout ? Que servirait alors au créancier d'avoir conservé un débiteur ? A quoi l'avancerait la suspension de prescription ?

Concluons donc que la prescription dans le cas où elle peut courir en faveur d'un des débiteurs sans courir au profit des autres est un moyen *personnel*, mais non pas *purement personnel.*

La question précédente montre que nous n'admettons pas que la suspension de prescription à l'égard d'un des

(1) Cours de Code Napoléon. Traité des contrats, III, n° 414.

codébiteurs suspende également la prescription à l'égard
des autres. En effet les causes de suspension sont essen-
tiellement personnelles : les codébiteurs ne peuvent invoquer le terme ou la condition du chef de celui qui les a
stipulés. On ne peut donc pas se prévaloir contre eux de la
suspension de prescription qui en résulte.

Avant de passer à un autre sujet, nous allons examiner
une hypothèse singulière qui a été jugée diversement par
la Cour de Bordeaux et la Cour de Cassation (1).

Un billet à ordre avait été souscrit par un commerçant
et par un non-commerçant. Le commerçant invoqua la
prescription de cinq ans établie par l'art. 189 du Code de
Commerce. Le porteur du billet s'adressa alors au non-
commerçant, qui opposa la prescription du chef de son
codébiteur.

La Cour de Cassation donna raison à cette prétention, se
fondant sur l'art. 1208, qui permet au codébiteur solidaire
d'opposer toutes les exceptions qui résultent de la nature
de l'obligation. Il eût été plus exact de dire les exceptions
communes appuyés sur un mode d'extinction de l'obligation.

La Cour de Bordeaux avait, au contraire, décidé que la
prescription de cinq ans ne pouvait être invoquée par le
codébiteur non-commerçant. A notre avis, cette opinion
est préférable, car il ne suffit pas qu'une obligation soit
éteinte pour que tous les débiteurs aient le droit de s'en
prévaloir. Il faut examiner si la cause d'extinction n'a pas
quelque chose de personnel à l'un des débiteurs. Or, c'est
bien là une exception personnelle que celle qui est fondée
sur la qualité de *commerçant*. Donc, le non-commerçant
ne peut l'invoquer.

(1) Bordeaux, 14 févr. 1849. — Cassat. 8 décembre 1852.

Nous avons examiné les moyens de défense reposant sur un mode d'extinction des obligations. Il nous reste à parler de la chose jugée et du serment.

§ 11. CHOSE JUGÉE. — *L'autorité de la chose jugée n'a lieu qu'à l'égard de ce qui fait l'objet du jugement. Il faut que la chose demandée soit la même, que la demande soit fondée sur la même cause ; que la demande soit* ENTRE LES MÊMES PARTIES, ET FORMÉE PAR ELLES ET CONTRE ELLES EN LA MÊME QUALITÉ. (Art. 1351).

La règle que pose la loi sur l'identité de personnes et de qualités est fondée à la fois sur une raison théorique et sur un intérêt pratique incontestable.

En effet, le jugement participe de la nature de la convention. Sa valeur réside dans une sorte de convention de se soumettre à la décision judicaire, or les conventions ne produisent pas d'effet à l'égard des tiers (art. 1165); par conséquent, les jugements ne peuvent avoir d'effet qu'entre les parties.

A côté de cette raison théorique, il est facile de voir combien serait dangereuse en pratique la reconnaissance à la chose jugée d'une autorité absolue. Supposons, par exemple, que Pierre revendique contre Paul un immeuble dont je suis propriétaire. Paul succombe, et Pierre est déclaré propriétaire. Cette déclaration pourra-t-elle avoir un effet absolu, et devrai-je être dépouillé de mes droits par l'issue d'une contestation où je n'étais pour rien, dont je n'avais même pas connaissance ?

Ainsi, théoriquement et pratiquement, il est nécessaire que les jugements n'aient d'effet qu'entre les parties. Cependant cette règle n'est pas absolue. Aussi, devons-nous nous demander si les débiteurs solidaires se représentent les uns les autres dans les instances judiciaires, et si la chose jugée avec le créancier pour ou contre l'un des débiteurs doit être considérée comme jugée pour ou contre les autres.

Nous devons d'abord résoudre certains points de détail dont la solution n'entraîne guère de controverse.

Nous devons reconnaître assurément qu'une chose jugée pour ou contre l'un des débiteurs *sur des moyens personnels* ne peut avoir d'effet à l'égard des autres. Ainsi, le débiteur assigné a soutenu que son obligation était annulable pour cause de minorité : qu'il perde ou qu'il gagne, peu importe aux autres, il est certain qu'ils ne pourront pas opposer la chose jugée sur un tel moyen. — Même solution pour le cas où les codébiteurs qui n'étaient pas en cause ont, eux aussi, des moyens personnels à faire valoir. Il est évident, en effet, qu'ils n'ont pas été représentés par leur codébiteur, puisque celui-ci ne pouvait opposer ces moyens.

De même la chose jugée pour ou contre l'un des débiteurs n'aurait pas d'effet à l'égard des autres si le procès avait porté sur *l'existence de la solidarité*. En effet, le défendeur ayant soutenu qu'il n'était pas débiteur solidaire, comment pourrait-on, sans faire une pétition de principe, s'appuyer sur une idée de mandat donné par les autres débiteurs pour accorder à ceux-ci ou au créancier le droit de se prévaloir du gain ou de la perte du procès ?

Mais que devons-nous décider si la contestation a porté sur l'existence de l'obligation solidaire ? La décision intervenue aura-t-elle l'autorité de la chose jugée pour ou contre les codébiteurs qui n'ont point été parties au procès ?

A notre avis, la chose jugée entre le créancier et l'un des débiteurs solidaires n'a point d'effet à l'égard des autres, soit que le débiteur qui était en cause ait perdu, soit qu'il ait gagné.

Supposons d'abord que ce débiteur ait perdu. Le jugement prononcé contre lui ne peut pas plus nuire aux autres qu'une convention qu'il aurait faite avec le créancier. D'ailleurs, sur quoi portait la contestation ? Sur le point de savoir *s'il y avait dette ou non*. Comment donc pourrait-on admettre qu'il y ait eu un mandat de plaider donné par des personnes qui n'étaient peut-être pas codébitrices, qui ne sont déclarées telles que par un jugement où elles n'ont pas été parties? N'est-ce pas encore une pétition de principe?

Ce motif n'existera plus, il est vrai, si la contestation porte sur l'*extinction* de la dette, mais il restera toujours l'incapacité, pour un codébiteur, de faire tort aux autres par ses conventions, et par conséquent en formant avec le créancier le contrat judiciaire.

On oppose les art. 1206 et 2249 qui décident que la prescription interrompue contre l'un des débiteurs est interrompue contre les autres. Mais autre chose est l'interruption de la prescription d'une obligation existante, autre chose est la reconnaissance par la justice d'une obligation solidaire dont l'existence est contestée.

Il nous semble que les motifs de notre décision peuvent être rendus plus clairs par la comparaison suivante :

Paul s'adresse à moi et me dit : vous me devez cent francs solidairement avec Pierre. Je reconnais sa prétention. Est-ce que cette reconnaissance créera à Paul un titre contre Pierre, pour le cas où ma solvabilité ne serait pas suffisante ? Non, assurément. Or, quelle différence y a-t-il entre ce cas et l'hypothèse dont nous traitons? Ici Paul me poursuit toujours comme codébiteur solidaire de Pierre, et, ma défense n'ayant pas de succès, on veut que *ma reconnaissance forcée de la dette* (celle qui résulte de ma condamnation) puisse forcer Pierre, si je suis insolvable, à payer cette dette que j'avais moi-même contestée !

Prenons maintenant l'hypothèse inverse. Le jugement a été prononcé en faveur du codébiteur qui avait plaidé seul. Les codébiteurs, nous dit-on, ont mandat réciproque *de faire tout ce qui peut leur être utile.* Mais remarquons d'abord que notre objection faite dans l'hypothèse précédente reviendra avec la même force : si le défendeur a nié qu'il y eût dette solidaire, et si sa prétention a été admise, comment peut-on le reconnaître pour le mandataire de personnes qui n'ont jamais été, la justice le déclare elle-même, ses codébiteurs ?

Mais en supposant même une défense reposant sur l'extinction de la dette, auquel cas cette objection ne se présenterait plus, nous ne pouvons, pas plus ici que dans le cas des créanciers solidaires (1), admettre cette règle à double face qui établirait le mandat de *gagner, mais non celui de perdre,* au mépris des droits de la partie adverse.

M. Demolombe (2), qui admet que la chose jugée pour ou contre un débiteur solidaire peut être invoquée par ses codébiteurs ou contre eux, fait la comparaison suivante : « *Le serment du codébiteur solidaire..... profite aux autres codébiteurs..... lorsqu'il a été déféré sur la dette.* » (art. 1365). « Or, dit-il, ce qui est vrai du serment, l'est aussi de la chose jugée. »

Nous n'admettons pas cette assimilation. Dans le serment décisoire, si on l'analyse avec précision, il y a une véritable remise de dette, remise faite sous condition que le serment sera prononcé ; par conséquent, il n'est pas étonnant que la loi, faisant application du principe qu'elle pose dans l'art. 1285, donne au serment prêté par l'un

(1) V. ci-dessus (p. 77).
(2) Oblig., III, n° 369.

des débiteurs solidaires un effet à l'égard des autres (1).

Au contraire, on ne peut voir une remise conditionnelle dans le fait de plaider contre une personne. Il n'y a pas, comme dans la délation de serment, une marque de confiance, une concession faite au défendeur; si le demandeur s'expose à perdre un droit, en cas de perte du procès, ce n'est pas qu'il veuille, même conditionnellement, faire une libéralité à son adversaire. Dans un cas, il s'en remet à la bonne foi de celui-ci ; dans l'autre, il la conteste.

On invoque l'art. 1200 : « *de manière que chacun puisse être contraint pour la totalité* ; » et l'art. 1203 : « *Le créancier..... peut s'adresser à celui des débiteurs qu'il veut choisir.* » Et l'on donne comme motif de ces dispositions que : « s'adresser à l'un, c'est s'adresser à l'autre ; chacun d'eux étant le représentant des autres envers le créancier. » (2) Mais sont-ils représentants pour plaider? voilà la question. Ces articles qu'on invoque nous disent seulement une chose : *On peut demander le paiement intégral à un seul ;* mais ils ne parlent que du cas où la dette n'est pas contestée. Demander le paiement d'une dette et plaider sur le fait de savoir si elle existe, sont deux faits bien différents, et les conséquences du second sont bien autrement graves que celles du premier.

On dit encore que « les débiteurs n'ont pu s'engager solidairement à la même dette sans se constituer mandataires l'un de l'autre pour la payer..... et pour faire valoir, dans leur intérêt commun, tous les moyens qu'ils pourraient

____

(1) C'était déjà la décision romaine, reposant sur cette idée que, par respect pour le serment, on ne permettait pas d'en démontrer la fausseté, même en justice.

(2) M. Demol., op. cit., n° 374.

avoir pour s'exempter de payer. » (1) Et l'art. 1208 prononce que les codébiteurs solidaires peuvent invoquer tous les moyens de défense communs. Par conséquent, dit-on, l'extinction de la dette constatée par un jugement est un moyen commun, et ce moyen peut être invoqué par tous les codébiteurs.

Que chacun puisse opposer le paiement déjà fait, cela n'est pas douteux ; mais, si le fait même du paiement est contesté, et, s'il faut citer un jugement pour le prouver, ce n'est plus le paiement qu'on invoque, c'est la chose jugée, et, alors, nous nous retrouvons à notre point de départ : le moyen tiré de la chose jugée peut-il être invoqué par tous les codébiteurs?

Ainsi, que le jugement ait été prononcé en faveur du débiteur poursuivi, ou qu'il ait été prononcé contre lui, nous ne croyons pas qu'il puisse être invoqué par ou contre les autres codébiteurs.

§ 12. SERMENT. — *Le serment déféré à l'un des débiteurs solidaires, profite aux codébiteurs.* (Art. 1365, al. 4).

.....Le serment du codébiteur solidaire ne profite aux autres codébiteurs que lorsqu'il a été déféré sur la dette, et non sur le fait de la solidarité. (Art. 1365, al. 6).

Ces dispositions s'accordent avec la théorie de la remise de la dette (art. 1285). Nous avons vu en effet qu'il y avait dans la délation de serment une sorte de remise conditionnelle (2). Pour que le serment profite aux codébiteurs solidaires, il faut qu'il ait été prêté *sur la dette.* Dans le cas de doute on présumera que la délation a été faite en faveur de tous les codébiteurs, par application de ce que la loi dit de la remise (art. 1285).

(1) Merlin, cité par M. Demolombe (op. cit., n° 374).
(2) V. ci-dessus (p. 121).

La loi ne nous parle pas du cas où le débiteur a refusé de prêter le serment ni du cas où ce débiteur a déféré le serment au créancier.

Supposons d'abord que le débiteur a refusé de prêter le serment. Ici nous ne pouvons plus argumenter de la remise de la dette. Il en résultera que nous devrons appliquer la solution donnée pour la chose jugée : si on peut dire que les codébiteurs se sont donnés mandat ad perpetuandam obligationem, ce ne peut être que quand l'existence de l'obligation n'est pas en question. En effet, le créancier pouvait bien faire cette convention : *jurez que vous ne devez rien et je fais remise de la dette à tous*, mais il n'avait pas le droit d'ajouter ; *si vous ne jurez pas, votre refus sera interprété même contre les autres.*

Par conséquent le refus de prêter le serment ne nuira qu'à celui à qui il a été déféré.

Supposons maintenant que l'un des codébiteurs a déféré le serment au créancier. Si celui-ci l'a prêté, cette convention ne peut nuire aux autres débiteurs ; par conséquent s'il a refusé, son refus ne peut profiter qu'au débiteur qui a déféré le serment.

IV. — Rapports des codébiteurs entre eux.

L'obligation contractée solidairement envers le créancier, se divise de plein droit entre les débiteurs, qui n'en sont tenus entre eux que chacun pour sa part et portion. (Art. 1213).

Il résulte de cet article que si envers le créancier les débiteurs sont solidaires, entre eux ils sont simplement conjoints (1) « Chacune des personnes obligées est débitrice *pour soi* quant à la part seulement qu'elle a eue à la cause de la dette.

Cette part est la part virile, à moins de preuve contraire. Mais, si cette preuve contraire est fournie, la part est proportionnelle à l'intérêt que chacun des obligés avait à contracter la dette. Cela résulte de l'art. 1216, qui traite du cas où la dette a été contractée dans l'intérêt exclusif de l'un des débiteurs.

A l'égard du créancier les codébiteurs sont tenus chacun pour le tout, tandis qu'entre eux la dette se divise. Tel est le principe du recours que doit avoir celui qui a payé la totalité contre ses codébiteurs.

Ce recours appartient à tout débiteur solidaire qui a payé, même aux personnes qui ont commis ensemble un délit. On en a douté en invoquant le brocard : *Nulla societas est maleficiorum*, mais quelle que soit d'ailleurs la valeur de ce brocard, il est facile de voir que, dans notre

(1) Dès que le créancier est désintéressé, le principe : « numero personarum dividitur obligatio » reprend naissance ; l'exception au principe n'ayant été introduite que dans l'intérêt du créancier.

cas, il n'est pas applicable, puisque ce n'est pas sur le délit mais sur le paiement d'une dette commune que s'appuie celui qui a payé le tout pour réclamer un recours.

Le motif que nous venons de donner pour accorder aux codébiteurs tenus solidairement en vertu de l'art. 55 du Code Pénal un recours les uns contre les autres nous conduit à décider qu'il ne doit y avoir aucune différence entre ce recours et celui qui est donné par la loi aux autres classes de débiteurs qu'elle déclare solidaires.

Nous ne suivons donc pas ici l'opinion de M. Colmet de Santerre (1), qui enseigne : « qu'il ne faudrait pas appliquer aux débiteurs tenus en vertu de l'art. 55 du code pénal l'art. 2001, ni leur conférer le droit d'obtenir les intérêts de leurs avances hors des conditions de l'art. 1153. » Nous avons en effet décidé, au commencement de cette étude, qu'il n'y avait pas deux sortes de solidarités légales, l'une parfaite et l'autre imparfaite, et que *toutes les règles applicables à la solidarité conventionnelle l'étaient également à la solidarité légale.*

« Il n'est pas possible, dit M. Colmet de Santerre, d'attribuer à la convention, qui est peut-être intervenue entre les codélinquants, les effets d'un mandat. » Aussi, n'est-ce pas à cette convention, probable ou non, que nous donnons les effets d'un mandat, c'est aux rapports que la loi elle-même a établis entre eux.

Quelle est la nature de l'action qui appartient contre ses codébiteurs au débiteur solidaire qui a payé la totalité ?

La loi appelle cette action une action en répétition (art. 1214). Pothier enseignait qu'elle peut avoir deux causes : qu'elle peut naître soit du chef du créancier, lorsque le dé-

(1) T. V. n° 147 *bis*, IV.

biteur s'est fait céder ses actions ; soit du chef du débiteur, lorsqu'il n'a pas demandé la cession des actions du créancier (1).

Cette distinction a été reproduite par la plupart des auteurs modernes : « Le codébiteur, nous dit M. Colmet de Santerre (2), agit d'abord de son propre chef, comme associé ou comme mandataire ayant fait des avances dans l'intérêt de la société ou pour l'exécution de son mandat (art. 1852 et 1999) ; il a droit, en outre, de poursuivre ses codébiteurs du chef du créancier, dans les droits duquel il est subrogé, c'est-à-dire substitué, légalement, en vertu de l'art. 1251, 3°.......

« De ce qu'il agit comme mandataire, il résulte qu'il a droit aux intérêts des sommes par lui payées, à dater du jour du payement (art. 2001), et, de ce qu'il est subrogé aux droits du créancier, il faut conclure qu'il jouirait des garanties accessoires de la créance, comme les gages, hypothèques, priviléges, qui appartiennent au créancier. »

D'après M. Demolombe, au contraire, la cause *unique* du recours est « le payement même que le débiteur a fait d'une dette qui n'était pas la sienne,... la subrogation garantit le recours, mais la cause de ce recours est *toujours la même* : un payement pour autrui. » (3)

Ce serait excéder les limites de notre sujet, que de faire ici la théorie de la subrogation. Nous nous bornerons à faire remarquer qu'il est peu probable que les auteurs du code aient voulu s'écarter, sur ce point, de la doctrine de Pothier, leur guide habituel.

(1) Oblig. n°ˢ 280 à 282.
(2) Op. cit. n° 147 *bis*, II.
(3) Op. cit. n°ˢ 421 et 422.

Le codébiteur d'une dette solidaire qui l'a payée en entier, ne peut répéter contre les autres que les part et portion de chacun d'eux. (Art. 1214, al. 1).

Bien que notre article parle d'une dette solidaire payée *en entier*, nous croyons qu'il y a lieu à un recours en faveur du codébiteur même qui n'a payé la dette solidaire qu'en partie, et que ce recours doit être réglé quant à son étendue, de la même façon que dans le cas de paiement total. En effet, dès que l'un des codébiteurs a fait une avance qui a diminué d'autant la dette commune, il a rempli son mandat au moins partiellement, et il serait injuste de laisser, jusqu'à ce que le reste de la dette fût payé, cette avance à la charge exclusive de celui qui l'aurait faite.

Mais nous n'admettrons pas, avec MM. Larombière et Rodière (1), qu'un codébiteur puisse agir contre son codébiteur, même avant d'avoir rien payé, en invoquant l'art. 2032, relatif à la caution. En effet, nous avons eu déjà l'occasion de comparer le débiteur solidaire à la caution, et nous avons vu qu'il s'en fallait de beaucoup que toutes les règles protégeant celle-ci fussent applicables à celui-là. Un des principes de la solidarité consiste précisément en ceci que chacun des débiteurs s'engage à faire l'avance de la portion des autres. Il serait donc tout à fait contraire à ce principe de permettre à un débiteur solidaire de forcer lui-même les autres à faire cette avance.

Si le débiteur solidaire qui a payé n'avait d'action que de son propre chef, on comprendrait pourquoi l'art. 1214 ne lui accorde la répétition contre ses codébiteurs que pour les part et portion de chacun d'eux. Mais le codébi-

---

(1) Laromb. Oblig., t. II, art. 1216, n° 3. — Rodière. Des oblig. solid., n° 131.

teur a de plus l'action qui naît de la subrogation. Il semble donc qu'il devrait avoir le droit de poursuivre chacun de ses codébiteurs pour le tout, déduction faite de la part que lui-même doit supporter dans la dette commune.

Cette difficulté avait arrêté les anciens auteurs, et Pothier, pour la trancher, invoquait la nécessité d'éviter un circuit d'actions (1), le premier débiteur, subrogé aux droits du créancier, pouvant être à son tour poursuivi par le second, subrogé à ses propres droits. Ce circuit, a-t-on fait remarquer (2), n'aurait pas lieu, puisqu'il est de règle qu'en matière de subrogation le subrogé ne peut pas agir contre le subrogeant.

On a dit qu'une obligation réciproque de *garantie* lie mutuellement les codébiteurs solidaires, de telle sorte que l'un ne puisse causer aux autres un dommage dont il leur devrait lui-même la réparation : *quem de evictione tenet actio, eumdem agentem repellit exceptio.*

Ce motif lui-même est attaquable ; les codébiteurs solidaires n'étant garants les uns des autres que dans la mesure de la part qu'ils doivent définitivement supporter.

D'autres auteurs invoquent la raison suivante : le législateur aurait voulu éviter une action récursoire possible *dans le cas spécial où l'un des codébiteurs deviendrait insolvable.* En effet, celui qui demanderait la totalité, sous déduction de sa part, serait exposé à un recours exercé par celui qu'il aurait poursuivi, recours fondé sur l'insolvabilité d'un troisième codébiteur. Il nous semble que cet inconvénient aurait été facilement évité en obligeant celui qui exerce le premier son recours à faire une déduction nécessaire, en tenant compte des insolvabilités possibles.

(1) Oblig., n° 281.
(2) M. Colmet de Santerre, Op. cit., n° 148 bis, 1.

Voici comment nous croyons devoir expliquer la décision de la loi : Le créancier se trouvant désintéressé, la solidarité disparaît, et nous sommes en face de simples débiteurs conjoints ; la subrogation seule pourrait fournir une objection, que nous écartons cependant par le motif suivant : le droit de *demander le tout* est un bénéfice attaché exclusivement à la personne du créancier, bénéfice qu'il peut, il est vrai, céder à un étranger, mais non à un codébiteur solidaire, puisqu'alors l'égalité se trouverait rompue entre eux. C'est là un motif d'équité plutôt qu'un motif juridique, mais qui nous semble justifier la décision de la loi.

Il résulte de cette explication que l'art. 1214, al. 1, devrait s'appliquer lors même que le débiteur qui a payé le total aurait obtenu du créancier que celui-ci le subrogeât conventionnellement à ses droits contre les autres codébiteurs.

Si l'un des codébiteurs se trouve insolvable, la perte qu'occasionne son insolvabilité se répartit, par contribution, entre tous les autres codébiteurs solvables et celui qui a fait le paiement. (Art. 1214).

En effet, la solidarité, quelle que soit son origine, établit toujours une société entre les codébiteurs, et, en matière de société, chacun doit supporter sa part des charges communes. D'ailleurs, pourquoi ferait-on supporter la perte résultant de l'insolvabilité d'un des débiteurs à celui-là seul que le caprice du créancier a forcé de faire les avances ?

M. Demolombe (1) décide qu'il ne s'agit, dans notre article, que de l'insolvabilité qui existe *au moment du paiement.* Il invoque d'abord le texte de l'article : « *se*

(1) Op. cit., n° 435.

trouve insolvable... » « *la perte qu'occasionne son insol-vabilité...* » « *celui qui a fait le paiement.* »

A notre avis, l'emploi d'un temps différent, c'est-à-dire l'état d'insolvabilité exprimé par le présent, tandis que l'action de payer est mise au passé, semblerait plus favorable à l'opinion contraire ; mais, d'ailleurs, rien n'indique que le législateur ait attaché grande importance à la rédaction de ce texte. Voyons donc ce que veut la loi. Elle établit un recours ; elle veut que, par ce recours, le débiteur qui a fait les avances ne soit pas plus maltraité que les autres. Or, n'est-ce pas créer une grande inégalité entre leur situation que de faire supporter au premier toute la perte résultant de l'insolvabilité de l'un d'eux, par cela seul que cette insolvabilité s'est révélée peut-être le lendemain du paiement ? Nous croyons donc devoir maintenir que l'insolvabilité, même survenue postérieurement au paiement, doit être supportée par tous les codébiteurs proportionnellement à leur part.

Le principe de l'art. 1214 s'applique même dans le cas où l'un des codébiteurs aurait été précédemment déchargé de la solidarité :

Dans le cas où le créancier a renoncé à l'action solidaire envers l'un des débiteurs, si l'un ou plusieurs des autres codébiteurs deviennent insolvables, la portion des insolvables sera contributoirement répartie entre tous les débiteurs, MÊME ENTRE CEUX PRÉCÉDEMMENT DÉCHARGÉS DE LA SOLIDARITÉ PAR LE CRÉANCIER (art. 1215).

Cette disposition paraît, au premier abord, contraire aux principes ; en effet, lorsque l'un des débiteurs est déchargé de la solidarité, il devient simple débiteur conjoint ; il semble donc qu'il ne devrait pas être tenu de supporter une part dans la perte résultant de l'insolvabilité.

Aussi, certains auteurs ont-ils essayé d'expliquer l'art. 1215 en ce sens que le seul but de la répartition qu'il ordonne est de calculer la part que chacun des débiteurs doit supporter dans l'insolvabilité ; le créancier devrait alors prendre sur lui la perte pour la part qui aurait été à la charge du débiteur libéré de la solidarité.

Cette opinion invoque en sa faveur l'autorité de Pothier (1). Elle s'appuie, en outre, sur les raisons suivantes : La solidarité a un double effet : 1° elle oblige chacun des débiteurs à payer le total et à faire l'avance des parts de ses codébiteurs ; 2° elle oblige chacun à supporter sa part dans la perte résultant de leur insolvabilité. Donc, dit-on, la décharge de la solidarité doit également affranchir de l'un et de l'autre de ces effets le débiteur à qui elle a été faite.

A notre avis, cette solution est en opposition avec le texte et avec l'esprit de la loi : avec le texte, car pour lui donner le sens qu'elle lui attribue, il faut donner au même mot : « *la dette se répartit,* » deux sens différents, suivant qu'elle se rapporte aux débiteurs déchargés de la solidarité ou à ceux qui sont restés tenus solidairement.

Nous avons dit que cette solution était également contraire à l'esprit de la loi. En effet, voici dans quels termes s'exprimait M. Bigot-Préameneu au sujet de l'art. 1215, dans l'*exposé des motifs :* « Le créancier n'est pas le maître de rompre le lien de droit qui existe entre les débiteurs ; s'il divise la dette à leur égard, on ne doit pas en conclure qu'il ait interverti les recours respectifs des codébiteurs entre eux ; la division de la dette n'a pu être consentie ni acceptée que sauf le droit d'autrui ; ainsi, le codébiteur

(1) Oblig. n° 275.

déchargé de la solidarité envers le créancier *a dû compter qu'il lui restait encore une obligation à remplir à l'égard de ses codébiteurs, en cas d'insolvabilité de quelques-uns d'entre eux.*

On peut remarquer, en outre, que la disposition de l'art. 1215, ainsi expliquée, n'enlève pas tout effet à la remise de la solidarité. En effet, il subsiste toujours cet effet important que celui des débiteurs à qui elle a été accordée est désormais assuré qu'il ne sera pas *tenu de payer le total de la dette, c'est-à-dire de faire l'avance des parts de ses codébiteurs.*

Il résulte de l'art. 1215 ainsi compris que la simple remise de solidarité faite au profit de l'un des codébiteurs ne contient pas renonciation de la part du créancier au droit de faire supporter par ce débiteur les parts des autres coobligés, s'ils deviennent insolvables, et cela même au cas où tous les débiteurs seraient insolvables, excepté celui qui a été déchargé de la solidarité. En effet, supposons trois débiteurs : si celui qui a été déchargé de la solidarité est encore tenu de supporter pour moitié la perte résultant de l'insolvabilité de l'un des deux autres, il faut, pour être conséquent, décider qu'il doit être tenu de supporter pour le tout la perte résultant de l'insolvabilité des deux autres. La loi ne voit, dans la remise de la solidarité, qu'une convention dispensant le débiteur de faire l'avance de la somme due, mais cette décharge étant, de la part du créancier, la renonciation à un droit, elle ne doit pas être étendue ; le créancier n'est donc pas considéré comme ayant renoncé à exercer son droit en cas d'insolvabilité des codébiteurs. On ne voit pas, d'ailleurs, pourquoi le débiteur à qui il a été fait remise de la solidarité, tandis qu'il doit supporter sa part de perte quand il est poursuivi en recours par un codébiteur, échapperait à la perte par cela seul que l'action serait exercée contre lui par le créancier, aucun des débiteurs ne pouvant payer, et, par conséquent, n'ayant de recours à exercer.

Il pourrait du reste résulter d'une convention *expresse* que le créancier prendrait à sa charge la part de responsabilité qui incombe d'après l'art. 1215 au codébiteur déchargé de la solidarité.

Nous avons jusqu'à présent raisonné sur l'hypothèse où tous les codébiteurs sont intéressés dans l'affaire pour laquelle la dette solidaire a été contractée. Voyons maintenant l'hypothèse où un seul des débiteurs est intéressé :

Si l'affaire pour laquelle la dette a été contractée solidairement, ne concernait que l'un des coobligés solidaires, celui-ci serait tenu de toute la dette vis-à-vis des autres codébiteurs, qui ne seraient considérés, par rapport à lui, que comme ses cautions. (art. 1216).

Il résulte de cet article que, dans leurs rapports avec le principal intéressé, ils ont droit à des dommages et intérêts dépassant l'intérêt légal (art. 2028), et qu'ils ont droit de le poursuivre avant même d'avoir payé la dette, dans les cas énumérés par l'art. 2032.

Au contraire dans leurs rapports avec le créancier, ils sont réputés intéressés par portions égales, à moins qu'il ne soit prouvé que le créancier a eu connaissance de leurs conventions.

Enfin entre eux, ils sont considérés comme cofidéjusseurs de la même dette, et, par conséquent, ils ont droit à un recours les uns contre les autres.

En commençant notre étude sur les rapports des codébiteurs entre eux, nous avons vu que celui de ces codébiteurs qui a payé peut exercer son recours contre les autres au moyen de l'action même du créancier qui lui appartient en vertu de la subrogation légale (art. 1351). A ce sujet, nous devons nous demander si la déchéance prononcée par l'art. 2037 contre le créancier qui, par son fait a rendu impossible la subrogation de la caution au bénéfice des sûretés fournies par le débiteur ne doit pas s'appliquer au créancier d'une obligation solidaire.

A notre avis, ce créancier doit conserver, malgré sa renonciation aux sûretés données par l'un des débiteurs, son action contre les autres. En effet, nous avons vu qu'il ne faut pas établir une assimilation complète entre les débiteurs solidaires et les cautions. Si, indépendamment de la solidarité, le créancier a obtenu de l'un des codébiteurs solidaires des sûretés accessoires, on ne doit pas nécessairement en conclure que les autres codébiteurs n'ont consenti à s'engager qu'en vertu de ces sûretés, la loi présume au contraire qu'ils ont tous intérêt à l'engagement.

Mais, à supposer même qu'ils n'y aient point intérêt (art. 1216), la combinaison des art. 2037 et 1285 montre que si les rédacteurs du Code ont considéré la position de la caution, comme assez favorable pour la libérer lorsque la subrogation aux hypothèques et priviléges du créancier ne peut plus s'opérer par le fait de ce dernier, ils n'ont pas pensé que la même faveur dût être accordée au codébiteur solidaire. En effet, l'art. 1285 ne prononce de déchéance partielle contre le créancier que dans le cas où il a renoncé, en faveur d'un débiteur, à *la créance elle-même* et il ne parle pas des *accessoires* de cette créance.

POSITIONS

DROIT ROMAIN

I. — Dans la corréalité *passive*, la réponse de l'un des correi peut précéder l'interrogation faite à l'autre.

II. — La corréalité *passive* peut naître d'un pacte adjoint au *mutuum*

III. — L'effet de la *mora* d'un des codébiteurs ne doit pas être assimilé à celui de la *culpa*.

IV. — Qu'il y ait, ou non, *société* entre les créanciers et les débiteurs corréaux, il faut toujours admettre qu'ils aient un recours entre eux, sauf, dans le cas de corréalité *passive*, lorsque l'un des codébiteurs n'est que *la caution* de l'autre.

V. — Les débiteurs corréaux n'avaient pas le *Bénéfice de Division*. Ce bénéfice ne résulte même pas pour eux de la Novelle 99.

VI. — Il n'y a pas de règle absolue qui permette de savoir dans quel cas il y a *corréalité*, dans quel cas il y a simplement obligation *in solidum*. Mais il faut présumer la corréalité dans les contrats *de droit strict*, la solidarité dans les contrats *de bonne foi*.

9

VII. — L'un des créanciers solidaires peut éteindre le droit des autres par une novation. — Mais il y avait controverse, à ce sujet, entre les jurisconsultes romains.

VIII. — Le *reus promittendi* qui paie le créancier peut exiger la cession de ses actions, même s'il n'y a pas société entre les *correi*.

DROIT FRANÇAIS

I. — Il n'y a pas deux espèces de solidarité : l'une *parfaite*, l'autre *imparfaite*.

II. — Le débiteur solidaire peut, malgré l'art. 1203, opposer l'exception dilatoire fournie par l'art. 175 Pr.

III. — L'art. 1205 ne s'applique pas au cas où une clause pénale a été stipulée.

IV. — L'art. 1280 n'empêche pas le créancier qui fait novation avec l'un des codébiteurs solidaires de réserver, *du consentement des autres codébiteurs*, les hypothèques constituées sur leurs biens pour garantir l'ancienne créance.

V. — La compensation opérée du chef d'un des codébiteurs, ne peut être opposée, *même pour partie*, par les autres.

VI. — La *suspension* de prescription est un moyen de défense *purement personnel*.

VII. — Le jugement qui porte sur l'existence de la dette ne fournit qu'un moyen *purement personnel*.

VIII. — Le délinquant qui a payé la totalité de la condamnation dans le cas de l'art. 55, C. Pén., a un recours contre ses codélinquants.

IX. — La perte résultant de l'insolvabilité de tous les autres codébiteurs, est à la charge du débiteur *solvable*, alors même que le créancier lui aurait fait remise de la solidarité.

X. — L'art. 2037 ne s'applique pas aux codébiteurs solidaires.

HISTOIRE DU DROIT.

I. — Le fief a son origine dans les bénéfices des temps carlovingiens.

II. — La communauté a pris naissance à l'époque franque.

DROIT PUBLIC.

I. — Le blocus fictif est contraire aux principes du droit des gens.

II. — Un État viole la neutralité quand il laisse construire dans ses ports des vaisseaux destinés à l'un des belligérants.

DROIT PÉNAL.

I. — Lorsqu'un parricide a été commis par un mineur de seize ans, la peine doit être réduite, conformément aux dispositions de l'art. 67, malgré l'art. 323, C. P.

II. — L'excuse de provocation est applicable à celui qui insulte ou frappe un agent de la force publique pénétrant chez lui, *la nuit*, en dehors des trois cas prévus par l'art. 76 de la Constitution de l'an VIII.

DROIT COMMERCIAL.

I. — L'art. 542, Co., n'est applicable qu'à l'hypothèse où les faillites des débiteurs solidaires sont *simultanées.*

II. — La prescription de cinq ans, établie par l'art. 64, Co, en faveur des associés en nom. collectif, *non liquidateurs,* peut être invoquée même par les associés *liquidateurs.*

Vu par le Président de la thèse,
E. COLMET DE SANTERRE.

Vu par le Doyen de la Faculté,
COLMET-DAAGE.

Vu et permis d'imprimer,
Le Vice-Recteur de l'Académie de Paris,
A. MOURIER.

Meaux. — Imprimerie J. CARRO, rue de la Juiverie, 1.

www.ingramcontent.com/pod-product-compliance
Ingram Content Group UK Ltd.
Pitfield, Milton Keynes, MK11 3LW, UK
UKHW020207130726
13696UKWH00002B/761